gRPC 시작에서 운영까지

gRPC 시작에서 운영까지

도커와 쿠버네티스를 위한
클라우드 네이티브 애플리케이션 구축

카순 인드라시리 · 다네쉬 쿠루푸 지음

한성곤 옮김

i!i
에이콘

에이콘출판의 기틀을 마련하신 故 정완재 선생님 (1935-2004)

지은이 소개

카순 인드라시리^Kasun Indrasiri

마이크로서비스, 클라우드 네이티브와 엔터프라이즈 통합 아키텍처에서 광범위한 경험을 가진 저자이자 아키텍트다. WSO2[1]의 통합 아키텍처 책임자이자 WSO2 엔터프라이즈 인터그레이터^Enterprise Integrator의 제품 관리자이기도 하다. 『엔터프라이즈 환경을 위한 마이크로서비스』(에이콘, 2020)를 저술했으며 산호세의 오라일리 소프트웨어 아키텍처 콘퍼런스^O'Reilly Software Architecture Conference 2019, 시카고의 GOTO Con 2019와 WSO2 콘퍼런스 등에서 강연했다. 현재 캘리포니아 산호세에 거주하며 샌프란시스코 베이 지역에서 가장 큰 마이크로서비스 모임 중 하나인 '실리콘 밸리 마이크로서비스, API와 통합^Silicon Valley Microservices, APIs and Integration' 밋업^meetup의 창립자다.

---

1. WSO2는 2006년에 설립된 오픈소스 기술 제공업체로 API, 애플리케이션과 웹 서비스를 통합할 수 있는 엔터프라이즈 플랫폼을 제공한다. – 옮긴이

다네쉬 쿠루푸 Danesh Kuruppu

엔터프라이즈 통합과 마이크로서비스 기술 분야에서 5년 이상의 경험을 쌓은 WSO2의 기술 책임자다. 오픈소스이자 클라우드 네이티브 프로그래밍 언어인 발레리나Ballerina에 gRPC 지원을 추가하는 주요 설계자이자 개발자다. gRPC 커뮤니티의 일원으로 자바용 WSO2 마이크로서비스 프레임워크와 WSO2 거버넌스 레지스트리의 주요 공헌자이기도 하다.

감사의 말

이 책의 기술 감수자인 줄리엔 안드리에욱스^Julien Andrieux, 팀 레이먼드^Tim Raymond, 리안미켈라^Ryan Michela에게 감사드린다. 또한 개발 편집자인 멜리사 포터^Melissa Potter의 지도와 지원에 감사드리며 애쿠이지션^Acquisitions 편집자 라이언 샤브^Ryan Shaw의 모든 지원에 감사드린다. 마지막으로 훌륭한 오픈소스 프로젝트를 만들어준 gRPC 커뮤니티에 감사드린다.

옮긴이 소개

한성곤 (vincent.han@sw-architect.org)

현재 삼성SDS에서 코드 품질과 관련된 다양한 업무를 수행하고 있다. 관련 지표 수립과 이를 측정하기 위한 툴 개발뿐만 아니라 개선을 위한 다양한 활동(리팩토리/클린코드 교육, 코드 리뷰 및 점검 수행 등)도 하고 있다. 최근에는 Go 언어 등을 활용한 마이크로서비스 기반의 코드봇 시스템 개발을 리딩하고 있는데, 변경된 코드에 대해 여러 점검을 자동으로 수행하고 결과를 제공한다.

20여 년 가까이 개발과 소프트웨어 아키텍트로서 나름 열심히 살았지만 뭔가 생산적인 활동을 하지 못했던 점을 아쉬워하며, 늦은 나이임에도 불구하고 최근 다양한 활동을 하려고 노력 중이다. 특허 출원, 콘퍼런스 발표, 오픈소스 소프트웨어 활동 등을 하고 있으며, 첫 번역인 이 책의 번역도 그 노력 중 하나다.

옮긴이의 말

클라우드 네이티브와 마이크로서비스 아키텍처의 출현과 함께 도커와 같은 컨테이너 기반 시스템 구축과 운영은 급변하는 비즈니스와 기술 변화에 빠르게 적응하기 위한 기업에게는 필수를 넘어 기본이 됐다. 아울러 클라우드와 마이크로서비스를 적극 활용하기 위한 폴리글랏 프로그래밍^{polyglot programming}과 다양한 서비스 간 통신 기술은 핵심 기술로 부각되고 있다. 특히 다양한 언어와 시스템과의 효율적인 통신을 위한 gRPC는 중요한 기술로 빠르게 자리 잡았다.

gRPC는 구글 데이터센터에서 수천 개의 여러 서비스를 연결하고자 만들어져 10년 이상 활용된 스터비^{Stubby}라는 소프트웨어에서 시작됐고, 2015년 오픈소스로 공개된 이후 넷플릭스와 같은 대형 서비스에 적극적으로 활용되고 있으며, 여러 오픈소스 커뮤니티의 적극적인 지원으로 계속 발전하고 있다. 특히 현재 공식적으로 지원되는 언어는 여러 시스템 환경과 컴파일러를 포함하여 C/C++, C#, 자바, 파이썬, 루비 등의 전통적인 언어뿐만 아니라 오브젝티브C, Go, Node.js, 다트^{Dart}, 코틀린^{Kotlin} 등 비교적 최신 언어들도 포함한다.

이 책은 gRPC 기본적인 활용의 실제 사례를 기반으로 다양한 가이드를 제공할 뿐만 아니라 기존 통신 기술과의 비교를 통해 애플리케이션 간 통신을 설계하는 소프트웨어 아키텍트에게 훌륭한 지침을 제공한다. 또한 여러 통신 패턴과 내부 동작 방식을 깊이 있게 설명해 통신 기술을 포괄적으로 이해할 수 있도록 돕고, 서비스 수준의 실제 적용 시에 고려해야 할 다양한 기술 요소를 자세하게 설명한다. 인증과 접근 통제, 서비스 확장을 위한 로드밸런싱 등의 고급 기술을 포함하며, 개발 주기에 필요한 테스팅, CI/CD 통합과 다양한 모니터링 기술도 잘 제시하고 있다.

번역 당시에도 책의 소스와 github.io에 올라와 있는 소스가 다른 경우가 종종 있지만, 원 소스에 문제가 없는 경우 원서의 소스를 그대로 유지했다. 따라서 직접 예제를 실행할 때에는 github.io의 소스도 함께 확인하는 것이 좋다.

이 책이 gRPC 통신 기술을 활용한 견고한 애플리케이션과 마이크로서비스 개발에 토대가 되기를 희망한다. 아울러 부족한 역자를 믿고 번역을 맡겨준 에이콘출판사에 감사하며, 항상 격려와 배려를 해주신 권성준 사장님과 편집 팀에게도 이 자리를 빌려 고마운 마음을 전한다. 언제나 옆에서 자신의 자리를 지켜준 평생의 반려자 영이와 힘들 때에 웃음과 즐거움을 주는 이레, 누리, 예서, 예준이에게도 감사와 사랑의 말을 전한다.

차례

들어가며

현대 소프트웨어 애플리케이션은 프로세스 간 통신 기술을 활용해 컴퓨터 네트워크를 통해 서로 연결되는 경우가 많다. gRPC는 이런 분산 애플리케이션이나 마이크로서비스 구축을 위해 사용되는 고성능 RPC^{Remote Procedure Calls}를 기반으로 하는 최신 프로세스 간 통신 스타일이며, 마이크로서비스와 클라우드 네이티브 애플리케이션의 출현으로 gRPC 채택이 기하급수적으로 증가하고 있다.

이 책을 쓴 이유

gRPC 활용이 증가함에 따라 gRPC 애플리케이션 개발 주기의 모든 단계에서 최고의 참조 가이드로 사용할 수 있는 깊이 있는 책이 필요하다고 느꼈다. gRPC의 다양한 리소스와 코드 샘플이 도처(문서, 블로그, 기사, 콘퍼런스 토크 등)에 있지만 gRPC 애플리케이션을 개발하는 데 사용할 수 있는 단일 리소스는 없을뿐더러 내부 프로토콜과 동작 방식의 리소스도 없다.

이런 도전을 극복하고 gRPC의 기본 사항, 기존 프로세스 간 통신 기술과의 차이점, 실제 gRPC 통신 패턴, Go 언어와 자바를 사용한 애플리케이션 개발, 이면의 동작 방식, 실환경에서의 실행, 쿠버네티스^{Kubernetes}와 기타 생태계와의 동작 방식에 대해 포괄적인 이해를 제공하고자 이 책을 썼다.

이 책의 대상 독자

이 책은 여러 프로세스 간 통신 기술을 사용해 분산 애플리케이션과 마이크로서비스를 구축하는 개발자를 위한 책이다. 개발자가 분산된 애플리케이션이나 마이크로서비스를 개발하려면 gRPC의 기본 사항과 함께 서비스 간 통신이 필요한 때와 사용하는 방법, 실제 환경에서의 모범 사례 등을 배워야 한다. 아울러 마이크로서비스나 클라우드 네이티브 아키텍처를 채택하고 서비스 통신 방식을 설계하는 아키텍트는 다른 기술과의 비교, 언제 사용해야 하는지, 또는 언제 사용하지 말아야 하는지의 지침을 제공하기 때문에 많은 인사이트를 얻을 수 있다.

이 책을 읽는 개발자와 아키텍트는 프로세스 간 통신 기술, 서비스 지향 아키텍처 SOA, Service-Oriented Architecture, 마이크로서비스와 같은 기본적인 분산 컴퓨팅의 기본 지식이 있다고 가정한다.

이 책의 구성

실제 적용 사례를 통해 이론적인 개념을 설명하며, Go 언어와 자바를 사용한 코드 예제를 광범위하게 활용해 각 개념에 대한 실무 경험을 제공한다. 이 책은 다음과 같이 8개의 장으로 구성했다.

1장, gRPC 소개에서는 gRPC 기본 사항의 기초 지식을 제공하고 REST, GraphQL, 다른 RPC 기술과 같은 유사한 프로세스 간 통신 기술 스타일을 비교한다.

2장, gRPC 시작에서는 Go 언어와 자바를 사용해 완전한 gRPC 애플리케이션 구축의 첫 번째 경험을 제공한다.

3장, gRPC 통신 패턴에서는 실제 예제를 통해 gRPC 통신 패턴을 살펴본다.

4장, gRPC: 동작 원리에서는 gRPC 내부에 관심이 있는 고급 사용자를 위한 장으로, 서버와 클라이언트 간 gRPC 통신의 모든 단계와 네트워크상 동작 방식을 설명한다.

5장, gRPC: 고급 기능에서는 인터셉터interceptors, 데드라인deadlines, 메타데이터metadata 멀티플렉싱multiplexing, 로드밸런싱load balancing 등과 같은 주요 고급 기능을 설명한다.

6장, 보안 적용 gRPC에서는 통신 채널을 보호하는 방법과 gRPC 애플리케이션에 대한 사용자 인증과 접근 제어에 대한 포괄적인 이해를 제공한다.

7장, 서비스 수준 gRPC 실행에서는 gRPC 애플리케이션의 전체 개발 주기development life cycle를 살펴본다. gRPC 애플리케이션의 테스팅, CI/CD와의 통합, 도커Docker, 쿠버네티스 배포와 실행, 상태 확인을 알아본다.

8장, gRPC 생태계에서는 gRPC의 유용한 지원 요소들을 설명한다. 대부분의 프로젝트는 gRPC 기반의 실제 애플리케이션을 구축할 때 유용하다.

예제 코드 사용

이 책의 모든 예제와 추가 자료는 https://grpc-up-and-running.github.io에서 다운로드할 수 있다. 책을 읽는 동안 예제를 직접 실행해보기를 적극적으로 권장하는데, 이를 통해 배우고 있는 개념을 더 잘 이해할 수 있다.

에이콘출판사의 도서정보 페이지 http://www.acornpub.co.kr/book/grpc에서도 예제 코드를 찾아볼 수 있다이 예제들은 최신 버전의 라이브러리, 종속성, 개발 도구로 유지되고 최신 상태로 관리되기 때문에 본문의 예제와 약간 다를 수 있다. 샘플과 관련된 문제나 개선 사항은 언제든지 PR^pull request을 남겨 주기 바란다.[2]

이 책의 예제는 다른 프로그램이나 문서에서 사용할 수 있으며, 코드의 상당 부분을 재작성하지 않는다면 따로 허가를 받을 필요 없다. 예를 들면 이 책의 여러 코드 부분을 사용하는 프로그램을 작성하는 것은 허락이 필요하지 않다. 오라일리 ^O'Reilly 도서의 예제를 판매하거나 배포하는 것은 허가가 필요하다. 이 책이나 예제를 인용해 답변하는 것은 별도의 허락이 필요하지 않다. 이 책의 많은 예제를 제품 설명서에 포함하려면 권한이 필요하다.

필수는 아니지만 인용할 경우 저작권 표시를 남겨 주면 고맙겠다. 저작권 표시에는 일반적으로 제목, 저자, 출판사, ISBN이 포함된다. 예, "gRPC: Up and Running by Kasun Indrasiri and Danesh Kuruppu (O'Reilly). Copyright 2020 Kasun Indrasiri and Danesh Kuruppu, 978-1-492-05833-5."

예제 코드의 공정 사용 또는 앞서 명시한 사용 범위를 벗어난 것으로 생각되는 경우 permissions@oreilly.com으로 문의하기 바란다.

편집 규약

이 책에서는 다음과 같은 편집 규약을 사용한다.

고딕체
    새로운 용어, 메뉴 항목을 나타낸다.

---

2. 번역 당시에도 책의 소스와 github.io에 올라와 있는 소스가 다른 경우가 종종 있지만, 원서의 소스를 그대로 유지했다. 따라서 직접 예제를 실행할 때에는 github.io의 소스도 함께 확인하는 것이 좋다. – 옮긴이

고정폭

프로그램 목록과 문단 안에서 변수나 함수 이름, 데이터베이스, 데이터 타입, 환경 변수, 명세, 키워드 같은 프로그램 요소를 칭할 때 사용한다.

고정폭 굵은 문자

사용자가 그대로 타이핑해야 하는 명령어나 텍스트를 표시한다.

 팁이나 제안을 의미한다.

 일반적인 노트 등을 의미한다.

 경고 또는 주의를 의미한다.

독자 지원

이 책에 관한 의견과 질문은 bookquestions@oreilly.com으로 문의하면 된다. 이 책에 관한 오탈자, 예제, 추가 정보는 https://oreil.ly/gRPC_Up_and_Running에서 찾을 수 있다.

한국어판의 정오표는 에이콘출판사의 도서정보 페이지 http://www.acornpub.co.kr/book/grpc에서 찾아볼 수 있다.

한국어판에 관한 질문은 이 책의 옮긴이나 에이콘 출판사 편집 팀(editor@acornpub. co.kr)으로 문의해주길 바란다.

표지 그림

이 책의 표지에 나오는 동물은 미국 검은머리흰죽지^{greater American scaup}(학명: Aythya marila) 오리다. 이 오리 종은 봄과 여름에 알래스카, 캐나다, 유럽의 극지방 툰드라 환경에서 번식한 다음 남쪽으로 이동해 북미, 유럽, 아시아 연안에서 겨울을 난다.

수컷은 노란 눈, 밝은 청색 부리, 뚜렷한 짙은 녹색 주름이 있는 무지개 빛깔의 검은 머리, 흰색 옆구리, 등에 미세한 회색과 흰색 깃털을 갖고 있다.

암컷은 옅은 푸른 부리와 작은 하얀 얼굴 조각, 갈색 머리와 몸매로 둥지를 짓는 동안 보호색을 띤다. 길이는 평균 50센티미터, 날개 길이는 약 76센티미터, 몸무게는 평균 900그램이다.

봄에 짝을 이루고, 암컷은 자신의 몸에서 떨어진 털로 만든 땅에 있는 둥지에 평균 8개의 알을 낳는다. 새끼는 부화하자마자 둥지를 떠나 태어날 때부터 먹이를 먹을 수 있으며, 깃털이 다 날 때까지 40일 이상이 걸리고, 어린 새는 어미새로부터 보호를 받지만 맹금류나 여우같은 육지 포식자에게 취약하다.

검은머리흰죽지류^{diving duck}의 일종으로 땅이나 물 표면에서 있는 먹이를 먹지만, 물속이 있는 먹이를 먹으려고 물속으로 잠수하기도 한다. 다른 검은머리흰죽지류들처럼 물속으로 들어가는 데 도움을 주고자 작은 몸에 다리를 더 얹어 놓으며, 다이빙하는 동안 산소를 덜 사용하도록 적응했다. 약 6미터 깊이까지 잠수할 수 있고, 약 1분 동안 숨을 참을 수 있어 다른 류들보다 더 깊은 곳에서 먹이를 찾을 수 있다.

지난 40년간 개체 수가 감소하고 있지만, 현재 IUCN 레드 리스트^{Red List}에 의해 '관심 대상^{Least Concern}' 종으로 알려져 있다. 오라일리 표지에 있는 대부분 동물들은 멸종 위기에 처해 있으며, 이 동물들은 모두 우리에게 중요하다.

표지의 컬러 일러스트는 영국 새^{British Birds} 흑백 판화를 바탕으로 한 카렌 몽고메리 Karen Montgomery의 작품이다.

gRPC 소개

최신 소프트웨어 애플리케이션은 독립적으로 실행되는 경우가 거의 없다. 오히려 네트워크를 통해 연결돼 통신을 하며, 메시지 전송을 통해 서로 간의 실행을 조율한다. 그런 의미에서 현대 소프트웨어 시스템은 여러 네트워크 위치에서 실행되고 다양한 통신 프로토콜을 사용한 메시지 전송을 통해 서로 통신하는 분산 애플리케이션의 구성이라고 볼 수 있다. 예를 들어 온라인 판매 시스템은 주문 관리 애플리케이션, 카탈로그 애플리케이션, 데이터베이스와 같은 여러 분산 애플리케이션으로 구성된다. 온라인 판매 시스템의 비즈니스 목표를 달성하려면 분산 애플리케이션 간의 연결성이 중요하게 됐다.

마이크로서비스 아키텍처

마이크로서비스 아키텍처(Microservice Architecture)는 독립적이고 자율적(개별로 개발, 배포, 확장되는)이며, 비즈니스 중심의 느슨하게 결합된 서비스 모음으로 소프트웨어 애플리케이션을 구축하는 것이다.[1]

마이크로서비스 아키텍처(https://oreil.ly/q6N1P)와 클라우드 네이티브 아키텍처 Cloud Native Architecture(https://oreil.ly/8Ow2T) 출현으로 여러 비즈니스 기능을 위해 구축된 기존 소프트웨어들은 세분화되고 자율적이면서 비즈니스 목표 지향적인 마

---

1. 카순 인드라시리와 프라바스 시리와데나, 『엔터프라이즈 환경을 위한 마이크로서비스』(에이콘, 2020)

이크로서비스로 분리된다. 따라서 마이크로서비스 기반으로 구축되는 시스템은 프로세스 간(또는 서비스 간, 애플리케이션 간) 통신 기술을 사용해 네트워크로 연결해야 한다. 예를 들어 마이크로서비스 아키텍처 기반의 온라인 판매 시스템은 주문 관리, 검색, 결제, 배송 등과 같은 서로 연결된 여러 마이크로서비스로 구성될 것이다. 이는 기존 방식의 애플리케이션과는 달리 마이크로서비스의 세분화되는 특성으로 인해 네트워크 통신 연결이 급증하고, 사용된 아키텍처 스타일(기존 또는 마이크로서비스 아키텍처)과 상관없이 프로세스 간 통신 기술은 최신 분산 소프트웨어의 가장 중요한 부분이 된다.

프로세스 간 통신은 보통 동기식 요청-응답^{synchronous request-response} 스타일과 비동기적 방식의 이벤트 기반^{asynchronous event-driven} 스타일로 구현된다. 동기적 통신 방식은 클라이언트 프로세스가 네트워크에 있는 서버에게 요청 메시지를 보내고 응답을 기다리는 방식이고, 비동기 방식은 이벤트 브로커^{event broker}라는 중개자를 통해 메시지를 비동기적으로 전달하는 방식이다. 주어진 상황에 따라 구현하고자 하는 적절한 통신 방식을 선택할 수 있다.

클라우드 네이티브 애플리케이션이나 마이크로서비스용 동기적 요청-응답 스타일의 통신을 구축할 때에는 주로 RESTful 서비스로 구성하는데, 애플리케이션이나 서비스를 HTTP 기반의 네트워크 호출을 통해 액세스되고 상태를 변경할 수 있는 리소스 모임으로 모델링한다. 그러나 많은 경우 RESTful 서비스는 프로세스 간 통신을 구축할 때 부피가 크고 비효율적이며 에러가 쉽게 발생되기 때문에 좀 더 효율적이고 확장성이 높은 느슨하게 결합되는 프로세스 간 통신 기술이 종종 요구된다. 이는 분산 애플리케이션과 마이크로서비스를 구축하기 위한 최신 프로세스 간 통신 스타일인 gRPC가 등장한 배경이다(이 장 뒷부분에서 gRPC를 RESTful 통신과 비교할 것이다). gRPC는 주로 통신에 동기식 요청-응답 스타일을 사용하지만 초기 통신이 설정되면 완전 비동기식이거나 스트리밍^{streaming} 모드에서 작동할 수 있다.

1장에서는 gRPC가 무엇이며 이런 프로세스 간 통신 프로토콜이 등장한 주요 동기가 무엇인지 살펴보고 실제 사례를 통해 gRPC 프로토콜의 핵심 구성 요소를 들여다본다. 또한 gRPC가 해결하려고 하는 주요 문제를 이해할 수 있도록 프로세스 간 통신 기술과 시간이 지남에 따라 기술이 어떻게 발전해 왔는지 제대로 아는 것이 중요하기 때문에 각 기술을 살펴보고 비교한다. 먼저 gRPC가 무엇인지 살펴보자.

gRPC

gRPC('g'는 gRPC 릴리스마다 다른 의미를 갖는다, https://oreil.ly/IKCi3)는 로컬 함수를 호출하는 것만큼 쉽게 분산된 이기종 애플리케이션을 연결, 호출, 운영, 디버깅할 수 있는 프로세스 간 통신 기술이다.

gRPC 애플리케이션을 개발할 때 가장 먼저 해야 할 일은 서비스 인터페이스를 정의하는 것인데, 서비스를 사용하는 방법, 원격으로 호출되는 메서드 종류, 해당 메서드를 호출하기 위한 파라미터parameter, 메시지 형식 등을 포함한다. 이와 같은 서비스 정의에 사용되는 언어를 인터페이스 정의 언어IDL, Interface Definition Language라고 한다.

서비스 정의를 사용해 서버 스켈레톤server skeleton이라는 서버 측server-side 코드를 생성할 수 있는데, 저수준의 통신 추상화를 통해 서버 측 로직을 단순화할 수 있다. 클라이언트 측도 비슷하게 클라이언트 스텁client stub이라는 코드를 생성할 수 있는데, 다양한 프로그래밍 언어에 대한 낮은 수준의 통신을 추상화함으로써 클라이언트 측 통신을 단순화시킨다. 서비스 인터페이스 정의에 지정된 메서드는 로컬 함수를 호출하는 것처럼 쉽게 클라이언트 측에서 원격으로 호출할 수 있고, gRPC 프레임워크는 엄격한 서비스 규격 확인, 데이터 직렬화, 네트워크 통신, 인증, 액세스 제어, 관찰 가능성observability 등과 관련된 모든 복잡한 부분을 처리한다.

이제 gRPC의 기본 개념을 이해하고자 gRPC로 구현된 마이크로서비스의 실제 사례를 살펴보자. 여러 마이크로서비스로 구성된 온라인 판매 애플리케이션을 구축한다고 가정하자. 그림 1-1과 같이 온라인 판매 애플리케이션(이 유스케이스는 2장에서 처음부터 구현 예정이다)에서 사용되는 제품 상세 정보를 제공하는 마이크로서비스를 구축한다고 가정한다. 여기서의 ProductInfo는 gRPC 서비스로서 네트워크상에 제공되도록 모델링된다.

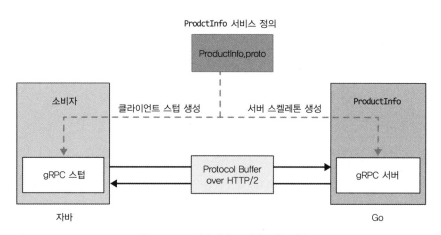

그림 1-1. gPRC 기반 마이크로서비스 및 소비자

서비스 정의는 ProductInfo.proto 파일에 기술하며 서버 측과 클라이언트 측 코드를 생성하는 데 사용한다. 이 예에서는 Go 언어를 사용해 서비스를 구현하고 자바^Java를 사용하는 소비자^consumer를 가정하고, 이들 간의 네트워크 통신은 HTTP/2를 통해 이뤄진다.

이제 gRPC 통신을 자세히 알아보자. gRPC 서비스를 구축하는 첫 번째 단계는 입력 파라미터 및 반환 타입과 함께 해당 서비스의 메서드를 서비스 인터페이스 정의로 만드는 것이다. 서비스 정의의 세부 사항을 살펴보자.

서비스 정의

gRPC는 프로토콜 버퍼protocol buffers(https://oreil.ly/iFi-b)[2]를 IDL로 사용해 서비스 인터페이스를 정의한다. 이 프로토콜 버퍼는 언어에 구애받지 않고 플랫폼 중립적이며 확장 가능한 메커니즘으로 구조화된 데이터를 직렬화하고자 사용된다(4장에서 프로토콜 버퍼의 기본 사항을 자세히 설명하지만 지금은 데이터 직렬화 메커니즘으로 생각하면 된다). 서비스 인터페이스 정의는 프로토proto 파일(확장자가 .proto인 일반 텍스트 파일)에 표현되며, 프로토콜 버퍼 메시지로 RPC 메서드 파라미터 및 반환 타입과 함께 gRPC 서비스를 일반 프로토콜 버퍼 형식으로 정의한다. 그리고 이 서비스 정의는 프로토콜 버퍼 형식의 확장이므로 프로토 파일에서 코드를 생성하고자 gRPC 플러그인plug-in이 사용된다.

예제의 **ProductInfo** 서비스 인터페이스는 코드 1-1과 같이 프로토콜 버퍼를 사용해 정의할 수 있는데, 원격 메서드, 입력과 출력 파라미터, 해당 파라미터의 타입(또는 메시지 형식)으로 구성된다.

코드 1-1. 프로토콜 버퍼를 사용한 ProductInfo gRPC 서비스 정의

```
// ProductInfo.proto
syntax = "proto3"; ❶
package ecommerce; ❷

service ProductInfo { ❸
    rpc addProduct(Product) returns (ProductID); ❹
    rpc getProduct(ProductID) returns (Product); ❺
}

message Product { ❻
    string id = 1; ❼
```

---

2. 구조화된 데이터를 직렬화할 수 있는 오픈소스 소프트웨어로, 2008년 구글에 의해 공개돼 현재 3.15 버전이다. 보통 데이터 저장이나 통신용 프로그램에 주로 사용되며 프로토버프(protobuf)라고도 불린다. — 옮긴이

```
        string name = 2;
        string description = 3;
    }

    message ProductID {  ❽
        string value = 1;
    }
```

❶ 서비스 정의는 사용하는 프로토콜 버퍼의 버전(proto3) 지정으로 시작한다.

❷ 패키지 이름은 프로토콜 메시지 타입 사이의 이름 충돌을 방지하고자 사용하며, 코드 생성에도 사용한다.

❸ gRPC 서비스의 서비스 인터페이스를 정의한다.

❹ 제품 정보를 추가하고 제품 ID를 응답으로 반환하는 원격 메서드다.

❺ 제품 ID를 기반으로 제품 정보를 가져오는 원격 메서드다.

❻ Product 정보의 메시지 형식/타입을 정의한다.

❼ 메시지 바이너리binary 형식에서 필드를 식별하는 데 사용하는 고유 필드 번호로, 제품 ID에 대한 필드(이름-값)다.

❽ 제품 식별 번호용 사용자 정의 타입user-defined type이다.

결국 서비스는 원격으로 호출될 수 있는 메서드(예, addProduct와 getProduct)의 모음이며, 각 메서드에는 서비스의 일부로 정의되거나 다른 프로토콜 버퍼 정의로 가져올 수 있는 입력 파라미터와 반환 타입을 갖고 있다.

입력과 출력 파라미터는 사용자 정의 타입(예, Product와 ProductID 타입)이거나 프로토콜 버퍼의 이미 알려진 타입well-known type(https://oreil.ly/0Uc3A)일 수 있다. 그리고 이런 타입들은 메시지로 구조화되는데, 각 메시지는 필드라는 일련의 이름-값을 포함하는 작은 논리적 레코드며, 메시지 바이너리 형식에서 필드를 식별하기 위한 고유 필드 번호(예, string id = 1)를 갖는다.

이 서비스 정의는 gRPC 애플리케이션의 서버 측과 클라이언트 측을 빌드하는 데 사용된다. 다음 절에서 gRPC 서버 구현을 좀 더 자세히 알아보자.

gRPC 서버

서비스 정의가 완료되면 이를 사용해 프로토콜 버퍼 컴파일러인 protoc를 사용해 서버 측이나 클라이언트 측 코드를 생성할 수 있다. 프로토콜 버퍼용 gRPC 플러그인을 사용하면 gRPC의 서버 측과 클라이언트 측 코드뿐만 아니라 정의된 메시지 타입의 데이터 지정populating, 직렬화serializing, 데이터 취득retrieving의 일반 프로토콜 버퍼 코드도 생성할 수 있다.

서버 측에서 서버는 서비스 정의를 구현하고 각 클라이언트 요청을 처리하는데, 이를 위해 ProductInfo 서비스는 다음과 같은 처리가 필요하다.

1. 상위 서비스 클래스를 오버라이드overriding함으로써 생성된 서버 스켈레톤의 서비스 로직을 구현한다.

2. gRPC 서버를 실행해 클라이언트 요청을 수신하고 응답한다.

서비스 로직을 구현하려면 서비스 정의에서 서비스 스켈레톤service skeleton을 먼저 생성해야 한다. 코드 1-2를 보면 Go 언어로 빌드된 ProductInfo 서비스에 대해 생성된 원격 함수를 확인할 수 있다. 원격 함수 안에서 각 함수의 로직을 구현한다.

```go
import (
    ...
    "context"
    pb "github.com/grpc-up-and-running/samples/ch02/productinfo/go/proto"
    "google.golang.org/grpc"
    ...
)

// Go 언어를 사용한 ProductInfo 구현

// 제품 등록을 위한 원격 메서드
func (s *server) AddProduct(ctx context.Context, in *pb.Product) (
        *pb.ProductID, error) {
    // 업무 로직
}

// 제품 조회용 원격 메서드
func (s *server) GetProduct(ctx context.Context, in *pb.ProductID) (
        *pb.Product, error) {
    // 업무 로직
}
```

서비스가 구현되면 gRPC 서버를 실행해 클라이언트에서의 요청을 수신하고 해당 요청을 서비스 구현으로 지정^{dispatch}한 다음 서비스 결과를 다시 클라이언트로 반환해야 한다. 코드 1-3은 ProductInfo 서비스에 대한 Go 언어의 구현을 보여준다. 여기서는 TCP 포트를 오픈한 후에 gRPC 서버를 시작하고 ProductInfo 서비스를 서버에 등록한다.

코드 1-3. Go 언어를 사용한 ProductInfo 서비스용 gRPC 서버 실행

```go
func main() {
    lis, _ := net.Listen("tcp", port)
    s := grpc.NewServer()
```

```
    pb.RegisterProductInfoServer(s, &server{})
    if err := s.Serve(lis); err != nil {
        log.Fatalf("failed to serve: %v", err)
    }
}
```

위 코드가 서버 측 처리의 전부다. 이제 gRPC의 클라이언트 측 구현을 살펴보자.

gRPC 클라이언트

서버 측와 마찬가지로 서비스 정의를 사용해 클라이언트 스텁[stub]을 생성한다. 이 스텁은 서버와 동일한 메서드를 제공하는데, 클라이언트 코드에서 메서드들의 호출을 네트워크상 원격 함수 호출로 변환하는 것이다. gRPC 서비스 정의는 언어에 구애 받지 않기 때문에 서드파티[3rd party](https://oreil.ly/psi72)를 통해 다양한 언어의 클라이언트와 서버를 생성할 수 있다. ProductInfo 서비스 유스케이스에서도 서버는 Go 언어로 구현하고 클라이언트 스텁은 자바로 생성하는데, 코드 1-4에서 자바로 구현된 코드를 확인할 수 있다. 어떤 프로그래밍 언어를 사용하든 클라이언트 측 구현과 관련된 간단한 단계에는 원격 서버와의 연결을 설정하고, 해당 연결로 클라이언트 스텁을 지정한 후에 이 스텁을 통해 원격 메서드를 호출한다.

코드 1-4. 원격 서비스 메서드를 호출하는 gRPC 클라이언트

```
// 원격 서버 주소를 사용해 채널(channel)을 생성
ManagedChannel channel = ManagedChannelBuilder.forAddress("localhost", 8080)
    .usePlaintext(true)
    .build();

// 채널을 사용해 블로킹(blocking) 방식 스텁 생성
ProductInfoGrpc.ProductInfoBlockingStub stub =
        ProductInfoGrpc.newBlockingStub(channel);
```

```
// 블로킹 스텁을 통한 원격 메서드 호출
StringValue productID = stub.addProduct(
        Product.newBuilder()
        .setName("Apple iPhone 11")
        .setDescription("Meet Apple iPhone 11." +
                "All-new dual-camera system with " +
                "Ultra Wide and Night mode.")
        .build());
```

이제 gRPC의 핵심 개념을 잘 이해했으므로 gRPC 클라이언트-서버 메시지 흐름을 좀 더 자세히 알아보자.

클라이언트-서버 메시지 흐름

gRPC 클라이언트가 gRPC 서비스를 호출할 때 클라이언트의 gRPC 라이브러리는 프로토콜 버퍼를 사용해 원격 프로시저 호출 프로토콜 버퍼 형식으로 마샬링 marshal하고, HTTP/2를 통해 전송된다. 서버 측에서는 요청을 언마샬링 unmarshal하고 각 프로시저 호출은 프로토콜 버퍼에 의해 실행한다. 응답도 서버에서 클라이언트로의 요청과 유사한 흐름을 갖는다. 전송 프로토콜로는 양방향 메시징을 지원하는 고성능 바이너리 프로토콜인 HTTP/2를 사용한다. 프로토콜 버퍼를 사용한 gRPC 클라이언트 서버 간 하위 수준 메시지 흐름과 gRPC가 어떻게 HTTP/2를 사용하는지는 4장에서 좀 더 다룬다.

 마샬링(marshaling)은 파라미터와 원격 함수를 네트워크상에 전송되는 메시지 패킷(message packet)으로 패킹하는 프로세스며, 언마샬링(unmarshaling)은 메시지 패킷을 각 메서드 호출로 다시 복원(unpack)하는 것이다.

gRPC 프로토콜을 좀 더 살펴보기 전에 다양한 프로세스 간 통신 기술이 어떻게 발전해 왔는지 개략적으로 이해하는 것이 중요하다.

프로세스 간 통신의 역사

프로세스 간 통신 기술은 시간이 지남에 따라 급격히 발전해 진화하고 있다. 현대적 요구를 해결하고, 더 좋고 효율적인 개발 경험을 제공하고자 다양한 기술이 등장한 것이다. 따라서 프로세스 간 통신 기술이 어떻게 발전해 왔는지, 그리고 어떻게 gRPC로 발전했는지 잘 이해하는 것이 중요하다. 이제 가장 일반적으로 사용되는 프로세스 간 통신 기술을 살펴보고 gRPC와 비교해보자.

기존 RPC

RPC는 클라이언트-서비스 애플리케이션을 구축하는 데 널리 사용되는 프로세스 간 통신 기술이었고, RPC를 통해 클라이언트는 로컬 메서드를 호출하는 것처럼 원격으로 메서드의 기능을 호출할 수 있다. 이전에는 서비스나 애플리케이션을 구축하거나 연결하는 데 사용되던 CORBA[Common Object Request Broker Architecture][3]나 자바 RMI[Remote Method Invocation][4]와 같은 인기 있는 RPC 구현이 있었다. 그러나 이런 RPC 구현은 상호운용성[interoperability]을 저해하는 TCP와 같은 통신 프로토콜로 구축되고 과장된 규격에 기반을 두기 때문에 매우 복잡하다.

---

3. 코바는 90년대 초에 등장한 컴포넌트 규약으로 프로그래밍 언어나 사용 환경 제약 없이 소프트웨어를 통합하고자 만들어졌다. 주로 C/C++에서 많이 사용했지만 구조가 복잡하고 적용이 어려워 2000년대 초 이후에는 거의 사용하지 않는다. – 옮긴이
4. 자바 애플리케이션의 가장 기본적인 통신 기술로 아직도 많이 사용하지만, 자바에서만 사용할 수 있다. – 옮긴이

SOAP

CORBA와 같은 기존 RPC 구현의 한계로, 마이크로소프트나 IBM과 같은 대규모 기업들은 SOAP^{Simple Object Access Protocol}라는 통신 기술을 설계해 크게 홍보했다. SOAP은 서비스 지향 아키텍처^{SOA, Service-Oriented Architecture}에서 서비스(SOA에서는 웹 서비스라고 불리는) 간 XML 기반의 구조화된 데이터 교환용 표준 통신 기술이며, HTTP(가장 일반적으로 사용되는)와 같은 프로토콜을 통해 통신한다.

SOAP을 사용하면 서비스 인터페이스, 해당 서비스의 연산^{operation}과 호출에 사용되는 XML 메시지 포맷을 정의할 수 있다. SOAP는 꽤 인기 있는 기술이었지만 SOAP을 중심으로 구축된 규격의 복잡성과 함께 메시지 포맷의 복잡성 때문에 분산 애플리케이션 구축의 민첩성을 저해한다. 따라서 현대적인 분산 애플리케이션 개발의 맥락에서 SOAP 웹 서비스는 레거시^{legacy} 기술로 간주되며, 기존 분산 애플리케이션 대부분이 이제는 SOAP 대신 REST 아키텍처 스타일을 사용한다.

REST

REST^{Representational State Transfer}는 로이 필딩^{Roy Fielding}의 박사 학위 논문(https://oreil.ly/6tRrt)에서 시작된 아키텍처 스타일이다. 필딩은 HTTP 규격의 주요 저자 중 하나며 REST 아키텍처 스타일의 창작자다. REST는 분산된 애플리케이션을 리소스 모음으로 모델링하는 자원 지향 아키텍처^{Resource-Oriented Architecture} 기반이며, 리소스에 액세스하는 클라이언트가 해당 리소스의 상태(생성, 읽기, 업데이트 또는 삭제)를 변경할 수 있다.

REST의 실질적인 구현은 HTTP며, HTTP에서는 RESTful[5] 웹 애플리케이션을 고유

---

5. RESTful은 REST스럽다는 의미로 REST의 원래를 따라 설계된 서비스 등을 나타내며, 일반적으로 REST 방식의 웹 서비스를 나타낸다. — 옮긴이

한 식별자(URL)로 액세스할 수 있는 리소스 모음으로 모델링한다. 상태 변경 작업은 HTTP 메서드(GET, POST, PUT, DELETE, PATCH 등)[6]의 형태로 리소스 위에 적용된다. 자원 상태는 JSON, XML, HTML, YAML 등과 같은 텍스트 형식으로 표현된다.

HTTP와 JSON을 사용한 REST 아키텍처 스타일의 애플리케이션 구축은 마이크로서비스를 구축하는 사실상의 방법이 됐지만, 마이크로서비스가 많아지고 이들 간의 네트워크 상호작용의 확산으로 RESTful 서비스는 최신 요구 사항을 충족하지 못했다. RESTful 서비스는 최신 마이크로서비스 기반 애플리케이션의 메시징 프로토콜로 사용할 수 없는 몇 가지 주요 제한 사항이 있다.

비효율적 텍스트 기반 메시지 프로토콜

본질적으로 RESTful 서비스는 HTTP 1.x와 같은 텍스트 기반 전송 프로토콜로 구축되며 JSON처럼 사람이 읽을 수 있는 텍스트 포맷을 활용한다. 서비스 간 통신의 경우 사람이 읽을 수 있는 텍스트 기반 포맷을 사용할 필요가 없기 때문에 JSON과 같은 텍스트 포맷을 사용하는 것은 비효율적이다.

클라이언트 애플리케이션(출발지)은 서버로 전송할 바이너리 콘텐츠를 만든 후에 해당 바이너리 구조체를 텍스트로 변환(HTTP 1.x는 텍스트 기반 메시지를 전송해야 하기에)한다. 그리고 네트워크를 통해 텍스트로 전송(HTTP를 통해)하고 서비스(도착지) 측에서 다시 바이너리 구조로 변환한다. 이 방식보다는 서비스와 소비자의 비즈니스 로직으로 바로 매핑될 수 있는 바이너리 형식으로 쉽게 전송하는 것이 낫다. 그리고 JSON을 사용할 때 가장 많은 주장 중 하나는 '사람이 읽을 수 있는 human-readable' 편리성으로 쉽게 사용할 수 있다는 것이지만, 이는 바이너리 형식의 문제라기보다는 도구의 문제에 가깝다.

---

6. 원문에는 verbs로 HTTP 동사라고 표현됐지만, 일반적으로 통용되는 HTTP 메서드로 번역했다. - 옮긴이

엄격한 타입 점검 부족

폴리글랏[plyglot][7] 기술로 구축돼 네트워크를 통해 제공되는 서비스가 점점 증가함에 따라 명확하고[well-defined] 엄격하게 점검[strongly typed]되는 서비스 정의가 중요해진다. 기존 RESTful 서비스에서 사용되는 OpenAPI/Swagger와 같은 대부분 서비스 정의 기술은 근간의 아키텍처 스타일이나 메시징 프로토콜에 처음부터 고려되지 않아 이와 잘 통합되지 않는다.

이는 분산 애플리케이션 구축에 많은 비호환성, 런타임 에러, 상호호환성 이슈 등의 문제를 야기한다. 예를 들면 RESTful 서비스를 개발할 때에는 서비스 정의나 애플리케이션 사이에 공유되는 정보의 타입 정의가 따로 요구되진 않는다. 오히려 서비스되는 텍스트 포맷을 확인하거나 OpenAPI와 같은 서드파티 API 정의 기술을 활용한다. 결국 최신의 엄격한 타입 서비스 정의 기술과 폴리글랏용 서버 및 클라이언트 측 중요 코드를 생성하는 프레임워크의 필요성이 증대된다.

REST 아키텍처 스타일 강제의 어려움

아키텍처 스타일로서 REST는 실제 서비스 구축에 도움이 되는 좋은 사례를 많이 갖고 있다. 그러나 HTTP와 같은 구현 프로토콜 일부로 통합되지 않아 구현 단계에서 REST 규칙을 적용하는 것이 쉽진 않다. 결국 대부분 RESTful 서비스는 실질적으로 REST 스타일의 기본 규칙을 준수하지 않는 경우가 많아 단순 HTTP 서비스로 제공되는 경우가 많다. 이는 RESTful 서비스의 일관성과 규칙을 유지하는 데 개발 팀의 많은 시간을 소비하게 된다.

이와 같은 최신 클라우드 네이티브 애플리케이션의 프로세스 간 통신 기술 적용의 제약 사항으로 인해 새로운 메시지 프로토콜의 탐구가 시작됐다.

---

7. 폴리글랏 프로그래밍이라고 하며, 요구 사항이나 시스템 성격에 맞는 다양한 언어를 사용해 개발하는 것을 뜻한다. – 옮긴이

gRPC의 시작

구글Google은 스터비Stubby(https://oreil.ly/vat5r)라는 범용 RPC 프레임워크를 사용해 여러 데이터센터에 있는 서로 다른 기술로 구축된 수천 개의 마이크로서비스를 연결했는데, 핵심 RPC 계층은 초당 수천억 건의 인터넷상 요청을 처리할 수 있도록 설계됐다. 스터비에는 훌륭한 여러 기능이 있지만 구글의 내부 인프라에 너무 종속적이어서 범용 프레임워크로 표준화되지 못했다.

이후 구글은 2015년도에 오픈소스 RPC 프레임워크로 gRPC(https://oreil.ly/cUZSG)를 출시했는데, 표준화되고 범용적인 크로스 플랫폼 RPC 인프라를 담당한다. gRPC는 스터비가 제공했던 것과 동일한 수준의 확장성, 성능, 기능을 대중 커뮤니티에 제공한다.

그 이후로 gRPC의 인기는 넷플릭스Netflix, 스퀘어Square[8], 리프트Lyft[9], 도커Docker, 시스코, CoreOS 등 주요 기업의 대규모 도입으로 지난 몇 년 동안 크게 성장했다. 나중에 gRPC는 클라우드 네이티브 컴퓨팅을 보편적이고 지속 가능하게 만드는 데 전념하는 가장 인기 있는 오픈소스 소프트웨어 재단 중 하나인 CNCFCloud Native Computing Foundation에 합류(https://oreil.ly/GFffo)했으며, CNCF 생태계에서 많은 관심을 받았다.

기존 프로세스 간 통신 프로토콜 대신 gRPC를 사용하는 몇 가지 주요 이유를 살펴보자.

왜 gRPC인가?

gRPC는 기존 프로세스 간 통신 기술의 대부분 단점을 극복할 수 있는 인터넷 규모의 통신 기술로 설계됐다. gRPC의 이점으로 인해 대부분의 최신 애플리케이션과 서버는 프로세스 간 통신 프로토콜을 gRPC로 대체하고 있다. 그렇다면 다른 많은

---

8. 미국의 유명한 모바일 결제 기업 – 옮긴이
9. 미국의 승차 공유 서비스 기업 – 옮긴이

대안이 있음에도 gRPC를 통신 프로토콜로 왜 선택해야 할까? gRPC가 제공하는 주요 이점 중 일부를 자세히 살펴보자.

gRPC의 장점

gRPC가 가져다주는 장점은 gRPC 적용 확대의 중요한 이유며, 다음과 같은 것이 있다.

프로세스 간 통신 효율성

gRPC는 JSON이나 XML과 같은 텍스트 형식을 사용하는 대신 프로토콜 버퍼 기반 바이너리 프로토콜을 사용해 gRPC 서비스 및 클라이언트와 통신한다. 또한 HTTP/2 위에 프로토콜 버퍼로 구현되기에 프로세스 간 통신 속도가 매우 빨라지며, 가장 효율적인 프로세스 간 통신 기술 중 하나가 된다.

간단 명확한 서비스 인터페이스와 스키마

gRPC는 애플리케이션 개발용 계약 우선contract-first[10] 접근 방식을 권장한다. 먼저 서비스 인터페이스를 정의한 후 나중에 구현 세부 사항을 작업하며, gRPC에서는 RESTful의 OpenAPI/Swagger나 SOAP의 WSDL[11]과 달리 간단하지만 일관되고 안정적인 확장 가능한 애플리케이션 개발 경험을 제공한다.

엄격한 타입 점검 형식

gRPC 서비스를 정의하고자 프로토콜 버퍼를 사용하기 때문에 gRPC 서비스 계약은 애플리케이션 간 통신에 사용할 데이터 타입을 명확하게 정의한다. 정적 타이핑static typing은 여러 팀과 기술에 걸친 클라우드 네이티브 애플리케이션을 구축할 때 발생할 수 있는 대부분의 런타임과 상호운용 에러를 극복하는 데 도움이 되므로 분산 애플리케이션 개발이 훨씬 안정적으로 이뤄진다.

---

10. 서비스 제공을 위한 개발 방식 중 하나로, 명세를 먼저 정의하고 개발하는 것을 일컫는다. 반대로 코드를 먼저 작성하고 나중에 코드 기반의 명세를 생성할 수 있는데, 이를 코드 우선(code-first)이라고 표현하기도 한다. – 옮긴이

11. 웹 서비스 정의 언어(Web Service Definition Language)로, SOAP 표준에서 사용하는 서비스 정의 언어다. – 옮긴이

폴리글랏

gRPC는 여러 프로그래밍 언어와 작동하도록 설계됐고, 프로토콜 버퍼 기반의 gRPC 서비스 정의는 특정 언어에 구애 받지 않는다. 따라서 기존 gRPC 서비스나 클라이언트와 상호 연결하고자 여러 프로그래밍 언어를 선택할 수 있다.

이중 스트리밍duplex streaming[12]

gRPC는 클라이언트나 서버 측 스트리밍을 기본적으로 지원하며 서비스 정의 자체에 포함되기 때문에 스트리밍 서비스나 스트리밍 클라이언트를 훨씬 쉽게 개발할 수 있다. 아울러 기존의 요청-응답request-response 스타일 메시징 방식이나 클라이언트 및 서버 측 스트리밍을 구축하는 기능은 기존 RESTful 메시징 스타일에 비해 주요 장점이 된다.

유용한 내장 기능 지원

gRPC는 인증, 암호화, 복원력(데드라인과 타임아웃), 메타데이터 교환, 압축, 로드밸런싱, 서비스 검색 등과 같은 필수 기능을 기본적으로 지원한다(5장에서 자세히 알아본다).

클라우드 네이티브 생태계와 통합

gRPC는 CNCF의 일부며 대부분의 최신 프레임워크와 기술은 gRPC를 기본적으로 지원한다. 예를 들어 엔보이Envoy(https://oreil.ly/vGQsj)와 같은 많은 CNCF 프로젝트는 gRPC를 통신 프로토콜로 지원하며, 메트릭스metrics 및 모니터링과 같은 횡단 관심cross-cutting 기능을 위해 gRPC는 대부분 도구에서 지원된다(예, 프로메테우스Prometheus(https://oreil.ly/AU3-7)를 사용한 gRPC 애플리케이션 모니터링).

성숙하고 널리 채택됨

gRPC는 구글의 강력한 테스트를 통해 완성됐으며 스퀘어, 리프트, 넷플릭스, 도커, 시스코, CoreOS와 같은 주요 기술 회사에 채택됐다.

---

12. 대부분의 스트림은 읽기나 쓰기만 가능한 반면, 읽기 쓰기 모두 가능한 스트림을 일컫는다. – 옮긴이

다른 기술과 마찬가지로 gRPC에도 단점이 있으며, 애플리케이션 개발 중 이런 단점을 아는 것은 매우 유용하다. 이제 gRPC의 몇 가지 제한 사항을 살펴보자.

gRPC의 단점

다음은 애플리케이션 구축을 위해 gRPC 사용 시 고려해야 할 단점 중 일부다.

외부 서비스 부적합

인터넷을 통해 애플리케이션이나 서비스를 외부 클라이언트에 제공하려는 경우 대부분 외부 사용자는 gRPC가 새롭기 때문에 적합하지 않을 수 있다. 계약 기반contract-driven이면서 강력한 타입 속성을 갖는 gRPC 서비스는 외부 당사자에게 노출되는 서비스의 유연성을 방해할 수 있으며 (다음 절에서 설명하는 GraphQL 같은 프로토콜과는 달리) 사용자는 훨씬 적은 제어권을 갖는다. gRPC 게이트웨이gateway는 이 문제의 해결책으로 설계됐으며, 8장에서 자세히 설명한다.

서비스 정의의 급격한 변경에 따른 개발 프로세스 복잡성

스키마 수정은 최신 서비스 간 통신 유스케이스에서 상당히 흔히 볼 수 있다. gRPC 서비스 정의가 급격히 변경되면 일반적으로 클라이언트와 서버 코드 모두 다시 생성해야 한다. 이는 기존의 지속적인 통합CI, Continuous Integration 프로세스에 통합돼야 하며 전체 개발 수명 주기를 복잡하게 할 수 있다. 그러나 대부분의 gRPC 서비스 정의 변경은 서비스 계약을 위반하지 않게 수용될 수 있고, gRPC는 주요 변경 사항이 없는 한 다른 버전의 프로토proto[13]를 사용해 클라이언트 및 서버와 문제없이 상호운용할 수 있다. 즉 대부분의 경우 코드 재생성은 필요하지 않다.

---

13. 여기서 프로토는 프로토콜 버퍼에서 사용하는 프로토 파일을 뜻한다. - 옮긴이

상대적으로 작은 생태계

gRPC 생태계는 여전히 기존 REST나 HTTP 프로토콜에 비해 상대적으로 작다. 브라우저와 모바일 애플리케이션에서 gRPC의 지원도 여전히 초기 단계다.

애플리케이션 개발과 관련해 이러한 제한 사항에 유의해야 하며, gRPC는 모든 프로세스 간 통신 요구 사항에 사용해야 하는 기술은 아니다. 오히려 비즈니스 유스케이스나 요구 사항을 평가하고 적절한 메시징 프로토콜을 선택해야 한다. 이러한 가이드는 8장에서 살펴본다.

앞 절에서 설명했듯이 기존에 있거나 새롭게 등장한 많은 프로세스 간 통신 기법들이 있다. 최신 애플리케이션 개발 환경에서 인기를 얻은 다른 유사한 기술과 어떻게 gRPC를 비교할 수 있는지 잘 이해하는 것이 중요하며, 이는 서비스에 가장 적합한 프로토콜을 찾는 데 도움이 된다.

다른 프로토콜과의 비교: 그래프QL과 쓰리프트

REST의 주요 한계점과 이로 인한 gRPC 탄생을 살펴봤으며, 비슷한 요구를 충족시키고자 등장한 다양한 프로세스 간 통신 기술이 있다. 몇 가지 인기 있는 기술을 살펴보고, gRPC와 비교해보자.

아파치 쓰리프트

아파치 쓰리프트^{Apache Thrift}(https://thrift.apache.org)는 gRPC와 유사한 RPC 프레임워크(페이스북에서 개발돼 나중에 아파치 재단으로 기증됨)다. 자체 인터페이스 정의 언어를 사용하며 광범위한 프로그래밍 언어를 지원하고, 정의 파일에서 데이터 타입과 서비스 인터페이스를 정의할 수 있다. 쓰리프트 컴파일러는 해당 서비스 정의를 사용해 클라이언트와 서버 측의 코드를 생성한다. 쓰리프트 전송 계층은 네트워크 I/O의 추상화를 제공하고 시스템의 나머지 부분에서 쓰리프트에 대한 의존도를 분리decouple할 수 있기 때문에 TCP, HTTP와 같은 다양한 전송 방식처럼 실행할 수 있다.

쓰리프트와 gRPC를 비교하면 거의 동일한 설계와 목표를 지향한다는 것을 알 수 있다. 그럼에도 이 둘 사이에는 다음과 같은 몇 가지 중요한 차별점이 있다.

전송

gRPC는 쓰리프트보다 옵션이 다양하며 HTTP/2의 뛰어난 기능을 지원한다. HTTP/2를 사용하면 프로토콜 기능을 활용해 효율성을 높이고 스트리밍과 같은 메시징 패턴을 지원한다.

스트리밍

gRPC 서비스 정의는 기본적으로 서비스 정의 자체의 일부로 양방향 스트리밍(클라이언트와 서버)을 지원한다.

채택과 커뮤니티

채택adoption에 관한 한 gRPC는 상당히 좋은 추진력을 갖고 있는 것으로 보이며 CNCF 프로젝트를 중심으로 좋은 생태계를 구축하는 데 성공했다. 추가적으로 gRPC는 우수한 문서화, 외부 프레젠테이션, 샘플 사례 등의 커뮤니티 리소스가 많이 제공되며, 쓰리프트에 비해 리소스 채택 과정이 쉽게 이뤄진다.

성능

gRPC와 쓰리프트를 공시적으로 비교한 결과는 없지만, 쓰리프트가 더 나은 수치를 보여주는 온라인 성능 비교 자료가 몇 가지 있다. 그러나 gRPC는 대부분 릴리스 버전에서 성능에 대해 벤치마킹(https://oreil.ly/Hy3mJ)되고 있으며, gRPC 대신 쓰리프트를 선택할 때 성능은 결정적인 요소가 되진 않는다. 아울러 유사한 기능을 제공하는 다른 RPC 프레임워크가 있지만 gRPC는 현재 가장 표준화되고 상호운용 가능하며 널리 채택된 RPC 기술로 앞장서고 있다.

그래프QL

그래프QL^{GraphQL}(https://graphql.org)은 프로세스 간 통신을 구축하는 데 널리 사용되는 또 다른 기술(페이스북에서 개발하고 공개 기술로 표준화)로, API용 쿼리 언어와 기존 데이터에 대한 쿼리 수행용 런타임이다. 그래프QL은 클라이언트가 원하는 데이터, 원하는 방식, 원하는 형식을 결정할 수 있게 함으로써 기존의 클라이언트-서버 통신에 근본적으로 다른 접근 방식을 제공한다. 반면 gRPC는 클라이언트와 서버 간 원격 메서드에 고정된 계약 방식을 사용한다.

그래프QL은 클라이언트가 서버에게 요청하는 데이터에 대해 통제력이 더 필요한 경우와 같이 소비자에게 직접 노출되는 외부 서비스나 API에 더 적합하다. 예를 들면 온라인 판매 애플리케이션 시나리오에서 ProductInfo 서비스 소비자는 제품에 대한 몇 개의 특정 정보만 필요할 뿐 전체 속성 모두가 필요하지는 않기 때문에 소비자가 원하는 정보만을 지정할 수 있는 방법이 필요하다. 이런 경우 그래프QL을 사용하면 소비자가 그래프QL 쿼리 언어를 사용해 서비스를 쿼리하고 필요한 정보를 얻을 수 있도록 서비스를 모델링할 수 있다.

그래프QL과 gRPC의 실용적 유스케이스에서 그래프QL은 외부 서비스나 API에 사용되고 있으며 API를 지원하는 내부 서비스는 gRPC를 사용해 구현되고 있다.

이제 gRPC를 실제로 채택한 회사와 유스케이스를 살펴보자.

gRPC 실사례

프로세스 간 통신 프로토콜의 성공은 대부분 산업 전반의 채택과 프로젝트의 사용자와 개발자 커뮤니티에 달려 있다. gRPC는 마이크로서비스와 클라우드 네이티브 애플리케이션 구축에 널리 채택됐다. 주요 성공 사례를 살펴보자.

넷플릭스

구독 기반 비디오 스트리밍 회사인 넷플릭스^{Netflix}(https://oreil.ly/xK3Ds)는 대규모 마이크로서비스 아키텍처를 구현하는 선구자 중 하나다. 모든 비디오 스트리밍 기능은 외부 관리 서비스(또는 API)를 통해 소비자에게 제공되며 API를 지원하는 수백 개의 백엔드 서비스가 있다. 따라서 프로세스 간(또는 서비스 간) 통신은 유스케이스의 가장 중요한 요소 중 하나다. 마이크로서비스 구현 초기 단계에서 넷플릭스는 HTTP/1.1 기반 RESTful 서비스를 사용해 서비스 간 통신용 자체 기술 스택을 개발했으며, 이는 넷플릭스 제품 비즈니스 유스케이스의 거의 98%에 해당된다.

그러나 넷플릭스는 인터넷 규모로 운영될 때 RESTful 서비스 기반 접근 방식의 몇 가지 한계를 확인했다. RESTful 마이크로서비스의 클라이언트는 종종 RESTful 서비스 리소스와 필요한 메시지 형식을 확인해 처음부터 작성되는데, 이는 많은 시간이 소요되고 개발자 생산성을 저해할 뿐만 아니라 에러 발생이 쉬운 위험을 증가시킨다. 서비스 인터페이스 정의의 포괄적인 기술이 부족하기 때문에 서비스 구현과 사용 또한 어렵다. 그런 이유로 초기에는 내부 RPC 프레임워크를 구축해 이러한 제한을 극복하려고 시도했지만 사용 가능한 기술 스택을 평가한 후 gRPC를 서비스 간 통신 기술로 선택했다. 넷플릭스는 평가 과정에서 gRPC가 필요한 모든 기능을 하나의 사용하기 쉬운 패키지로 캡슐화해 제공한다는 점에서 최고라는 점을 확인했다.

gRPC 채택으로 넷플릭스는 개발자 생산성이 크게 향상됐다. 예를 들면 각 클라이언트마다 수백 줄의 사용자 코드가 프로토 파일의 2~3줄로 대체되고, 최대 2주에서 3주가 소요될 수 있는 클라이언트 개발이 gRPC로는 몇 분이면 된다. 대부분 기능을 위해 직접 작성하는 코드가 더 이상 필요하지 않고 서비스 인터페이스를 정의하는 포괄적이고 안전한 방법이 있기 때문에 플랫폼의 전반적인 안정성도 크게 향상되며, gRPC가 제공하는 성능 향상으로 인해 넷플릭스 전체 플랫폼의 전반적인 지연^{latency} 시간이 단축됐다. 대부분의 프로세스 간 통신에 gRPC를 채택했기 때문에 넷플릭스는 REST와 HTTP 프로토콜을 이용한 프로세스 간 통신을 위해 자체 구축한 개발 프로젝트 일부(예, 리본^{Ribbon}(https://oreil.ly/qKgv4))를 유지 보수 모드(더 이상 개발이 진행되지 않는)로 전환하고 대신 gRPC를 사용하는 것으로 로 보인다.

etcd

etcd(https://oreil.ly/wo4gM)는 분산 시스템에서 중요한 데이터를 위한 신뢰할 수 있는 분산된 키-값 저장소^{key-value store}다. CNCF에서 가장 인기 있는 오픈소스 프로젝트 중 하나며 쿠버네티스와 같은 다른 오픈소스 프로젝트에 많이 채택됐다. gRPC의 핵심 성공 요소 중 하나는 간단하고 명확하며 사용하기 쉬운 사용자용 API가 있다는 것인데, etcd는 gRPC 사용자용 API(https://oreil.ly/v-H-K)를 사용해 gRPC의 모든 기능을 활용한다.

드롭박스

드롭박스^{Dropbox}는 클라우드 스토리지, 파일 동기화, 개인 클라우드, 클라이언트 소프트웨어를 제공하는 파일 호스팅 서비스며 초당 수백 건의 요청을 교환하는 수백 개의 폴리글랏 마이크로서비스를 운영한다. 초기에는 수동 직렬화와 역직렬화를 위해 변경된 프로토콜이 포함된 자체 RPC 프레임워크, 아파치 쓰리프트, 프로토버프^{protobuf} 인코딩 메시지와 HTTP/1.1 기반 프로토콜을 사용하는 레거시 RPC 프레임워크를 비롯한 여러 RPC 프레임워크를 사용했다.

드롭박스는 전체 프레임워크를 gRPC로 전환했으며(또한 메시지 형식의 기존 프로토콜 버퍼 정의 중 일부를 재사용할 수 있게 했다) gRPC 기반 RPC 프레임워크인 커리어^{Courier}(https://oreil.ly/msjcZ)를 만들었다. 이 커리어는 새로운 RPC 프로토콜이 아닌 드롭박스의 기존 인프라와 gRPC를 통합하는 프로젝트다. 드롭박스는 인증, 권한 부여, 서비스 검색, 서비스 통계, 이벤트 로깅, 추적 도구와 관련된 특정 요구 사항을 충족하도록 gRPC를 강화했다.

gRPC의 성공 사례는 간단하면서 생산성과 안정성을 높이고 인터넷 규모로 확장하고 운영되는 프로세스 간 메시징 프로토콜이라는 것을 알려준다. 이들은 gRPC의 잘 알려진 얼리어댑터의 일부지만 gRPC의 유스케이스와 채택은 점차 증가하고 있다.

요약

최신 소프트웨어 애플리케이션이나 서비스는 대부분 고립돼 있지 않으며 이를 연결하는 프로세스 간 통신 기술은 최신 분산 소프트웨어 애플리케이션의 가장 중요한 부분 중 하나다. gRPC는 확장 가능하고 느슨하게 결합된 타입 안전^{type-safe} 솔루션으로, 기존 REST/HTTP 기반 통신보다 프로세스 간 통신이 더 효율적이다. HTTP/2와 같은 네트워크 전송 프로토콜을 통해 로컬 메서드 호출을 수행하는 것만큼 분산된 이기종 애플리케이션을 쉽게 연결, 호출, 운영, 디버그할 수 있다.

gRPC는 기존 RPC의 진화로 간주될 수 있으며 그 한계를 극복했다. gRPC는 다양한 인터넷 규모 회사에서 프로세스 간 통신 요구 사항을 위해 널리 채택되고 있으며 내부 서비스 간 통신을 구축하는 데 가장 일반적으로 사용된다.

1장에서 얻은 지식은 gRPC 커뮤니케이션의 다양한 측면을 자세히 알아볼 수 있는 나머지 장에 대한 좋은 진입점이며, 2장에서 실제 gRPC 애플리케이션을 구축할 때 활용할 것이다.

gRPC 시작

gRPC의 이론은 충분히 알아봤다. 이제 1장에서 배운 내용을 적용해 실제 gRPC 애플리케이션을 처음부터 구축해보자. 2장에서는 Go 언어와 자바를 모두 사용해 간단한 gRPC 서비스와 이를 호출하는 클라이언트 애플리케이션을 만든다. 이 과정에서 프로토콜 버퍼를 사용해 gRPC 서비스 정의 지정, 서버 스켈레톤과 클라이언트 스텁 생성, 서비스 비즈니스 로직 구현, 구현된 서비스에 대한 gRPC 서버 실행, gRPC 클라이언트를 통한 서비스 호출 방법을 알아본다.

판매점 제품 관리를 담당하는 서비스를 구축해야 하는 1장과 동일한 온라인 판매 시스템을 사용한다. 서비스에 원격으로 액세스할 수 있으며 해당 서비스 클라이언트는 시스템에 새 제품을 추가하고 시스템에서 제품 ID를 사용해 제품 세부 정보를 검색할 수 있다. gRPC를 사용해 해당 서비스와 클라이언트를 모델링하며 이를 구현하고자 다양한 프로그래밍 언어를 선택할 수 있지만, 2장에서는 Go 언어와 자바를 사용해 샘플을 구현한다.

 이 책의 소스코드 저장소에서 샘플의 Go 언어와 자바 구현을 모두 확인할 수 있다.

그림 2-1에서는 각 메서드 호출에 대한 ProductInfo 서비스의 클라이언트-서버 통신 패턴을 보여준다. 서버는 addProduct(product)와 getProduct(productId) 라는 두개의 원격 메서드를 제공하는 gRPC 서비스를 호스팅한다. 클라이언트는 이 원격 메서드들을 호출할 수 있다.

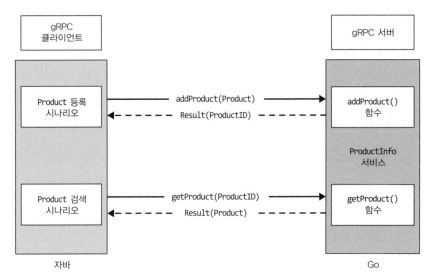

그림 2-1. ProductInfo 서비스의 클라이언트-서버 상호작용

이제 ProductInfo gRPC 서비스의 정의를 작성해 샘플 구성을 시작해보자.

서비스 정의 작성

1장에서 살펴봤듯이 gRPC 애플리케이션을 개발할 때에 가장 먼저 해야 할 일은 소비자가 원격으로 호출할 수 있는 메서드와 메서드의 파라미터, 사용할 메시지 포맷 등을 포함하는 서비스 인터페이스를 정의하는 것이다. 모든 서비스 정의는 gRPC에서 사용되는 인터페이스 정의 언어[IDL]인 프로토콜 버퍼 정의(https://oreil.ly/1X5W)로 작성된다.

3장에서는 다양한 메시징 패턴을 사용하는 서비스 정의 방법을 자세히 살펴보고, 4장에서는 프로토콜 버퍼와 gRPC 구현 세부 사항을 다룬다.

서비스의 비즈니스 기능이 식별되면 비즈니스에 대한 요구를 충족시키기 위한 서비스 인터페이스를 정의할 수 있다. 이 샘플의 ProductInfo 서비스에서는 두 가지 원격 메서드(addProduct(product), getProduct(productId))와 메서드가 수신하고 반환하는 두 가지 메시지 타입(Product, ProductID)을 확인할 수 있다.

다음 단계는 서비스 정의를 프로토콜 버퍼 정의로 작성하는 것인데, 서비스와 메시지 타입을 정의한다. 서비스는 메서드로 구성되며 각 메서드는 타입, 입력과 출력 파라미터로 정의된다. 그리고 메시지는 필드로 구성되며 각 필드는 해당 타입과 고유 인덱스 값으로 정의된다. 이제 메시지 구조 정의를 자세히 살펴보자.

메시지 정의

메시지는 클라이언트와 서비스 간에 교환되는 데이터 구조다. 그림 2-1을 보면 ProductInfo는 두 가지 메시지 타입을 갖는다. 하나는 시스템에 새 제품을 추가하거나 특정 제품을 검색할 때 반환되는 제품 정보(Product)이며, 다른 하나는 시스템에서 특정 제품을 검색하거나 새 제품을 추가할 때 반환되는 제품의 고유 식별자(ProductID)다.

ProductID

ProductID는 문자열과 같은 제품의 고유 식별자로, 문자열 필드를 포함하는 자체 메시지 타입으로 정의되거나 프로토콜 버퍼 라이브러리에서 제공하는 사전 정의된 메시지 타입인 google.protobuf.StringValue를 사용할 수 있다. 이 예제에서는 문자열 필드를 포함하는 자체 메시지 타입으로 정의하려 한다.

ProductID 메시지 타입 정의는 코드 2-1과 같다.

코드 2-1. ProductID 메시지 타입의 프로토콜 버퍼 정의

```
message ProductID {
    string value = 1;
}
```

Product

Product는 온라인 판매 애플리케이션에서 제품으로 존재하는 데이터를 나타내는 커스텀 메시지 타입으로, 각 제품과 연관된 데이터를 나타내는 필드 세트를 갖는다. Product 메시지 타입에 다음과 필드가 있다고 가정하자.

ID

제품에 대한 고유 식별자

Name

제품명

Description

제품 설명

Price

제품 가격

이제 코드 2-2와 같이 프로토콜 버퍼를 사용해 커스텀 메시지 타입을 정의할 수 있다.

코드 2-2. Product 메시지 타입의 프로토콜 버퍼 정의

```
message Product {
    string id = 1;
    string name = 2;
```

```
    string description = 3;
    float price = 4;
}
```

여기서 각 메시지 필드에 지정된 번호는 메시지에서 필드를 고유하게 식별하는데 사용되기 때문에 같은 메시지 정의 안에서 서로 다른 두 필드에 같은 번호를 사용할 수 없다. 4장에서 프로토콜 버퍼의 메시지 정의 방법을 자세히 살펴보면서각 필드에 고유 번호를 제공하는 이유를 설명한다. 지금은 프로토콜 버퍼 메시지를 정의할 때 하나의 규칙으로 생각하면 된다.

 프로토버프 라이브러리는 이미 알려진 타입(well-known types)에 대한 메시지 타입 세트를 제공하기 때문에 타입을 새롭게 정의하는 대신 재사용할 수 있다. 이미 알려진 타입의자세한 정보는 프로토콜 버퍼 공식 문서(https://oreil.ly/D8Ysn)에서 확인할 수 있다.

ProductInfo 서비스의 메시지 타입 정의를 작성했다면 이제 서비스 인터페이스정의를 알아보자.

서비스 정의

서비스는 클라이언트에 제공되는 원격 메서드의 모임이며, ProductInfo 서비스에는 addProduct(product)와 getProduct(productId)라는 두 개의 원격 메서드가 있다. 프로토콜 버퍼 규칙에 따르면 원격 메서드에는 하나의 입력 파라미터만가질 수 있으며 하나의 값만 반환할 수 있다. addProduct 메서드에서와 같이 메서드에 여러 값을 전달해야 하는 경우 메시지 타입을 정의하고 모든 값을 Product메시지 타입과 같이 그룹화해야 한다.

addProduct

시스템에서 새 Product를 등록한다. 제품 세부 사항에 대한 입력이 필요하고 성공적으로 등록되면 새로 추가된 제품의 제품 식별 번호를 반환한다. 이에 대한 addProduct 메서드는 코드 2-3에서 확인할 수 있다.

코드 2-3. addProduct 메서드의 프로토콜 버퍼 정의

```
rpc addProduct(Product) returns (google.protobuf.StringValue);
```

getProduct

제품 정보를 조회한다. ProductID를 입력하고 해당 제품이 시스템에 존재하면 제품 세부 사항을 반환한다. 코드 2-4는 getProduct 메서드를 보여준다.

코드 2-4. getProduct 메서드의 프로토콜 버퍼 정의

```
rpc getProduct(google.protobuf.StringValue) returns (Product);
```

모든 메시지와 서비스를 합쳐 코드 2-5와 같이 ProductInfo의 전체 프로토콜 버퍼 정의를 확인할 수 있다(코드 2-5는 자체 정의된 메시지 타입을 사용했다. - 옮긴이).

코드 2-5. 프로토콜 버퍼 ProductInfo gRPC 서비스 정의

```
syntax = "proto3"; ❶
package ecommerce; ❷

service ProductInfo { ❸
    rpc addProduct(Product) returns (ProductID); ❹
    rpc getProduct(ProductID) returns (Product); ❺
}

message Product { ❻
    string id = 1; ❼
    string name = 2;
```

```
    string description = 3;
    float price = 4;
}

message ProductID { ❽
    string value = 1;
}
```

❶ 서비스 정의는 사용하는 프로토콜 버퍼 버전(proto3)을 지정하는 것으로 시작한다.

❷ 패키지 이름은 프로토콜 메시지 타입 사이의 이름 충돌을 방지하는 데 사용하며 코드 생성에도 사용한다.

❸ 서비스의 서비스 인터페이스를 정의한다.

❹ ProductID를 응답으로 반환하는 Product 정보 추가 원격 메서드다.

❺ ProductID를 기반으로 Product 정보를 가져오는 원격 메서드다.

❻ Product 정보의 메시지 형식/타입 정의다.

❼ 메시지 바이너리 형식에서 필드를 식별하는 데 사용하는 고유 필드 번호를 갖는 제품 ID 필드(이름-값)다.

❽ ProductID의 메시지 형식/타입 정의다.

프로토콜 버퍼 정의에서 다른 프로젝트와의 이름 충돌을 방지할 수 있는 패키지 이름(예, ecommerce)을 지정할 수 있다. 패키지와 함께 서비스 정의를 사용해 서비스나 클라이언트 코드를 생성할 때 동일한 패키지(다른 패키지를 명시적으로 지정하지 않는다면)는 각각의 프로그래밍 언어 형식으로 작성된다(물론 프로그래밍 언어가 패키지 개념을 지원하는 경우에). ecommerce.v1이나 ecommerce.v2와 같은 버전 번호로 패키지 이름을 정의할 수 있는데, 이 경우 API의 향후 주요 변경을 동일한 코드베이스에서 가질 수 있다.

많이 사용하는 IDE(Integrated Development Environment)인 IntelliJ IDEA, Eclipse, VSCode 등은 프로토콜 버퍼를 지원하는 플러그인이 있으며, 프로토콜 버퍼 정의 파일을 쉽게 작성할 수 있다.

이제 다른 프로토 파일을 가져오는 importing 방법을 알아보자. 다른 프로토 파일에 정의된 메시지 타입을 사용해야 하는 경우 해당 타입과 프로토콜 버퍼 정의를 가져올수 있다. 예를 들어 wrappers.proto 파일에 정의된 문자열 값 타입(google.protobuf.StringValue)을 사용하려면 다음과 같이 google/protobuf/wrappers.proto 파일을 가져온다.

```
syntax = "proto3";

import "google/protobuf/wrappers.proto";

package ecommerce;
...
```

서비스 정의를 완료하면 gRPC 서비스와 클라이언트 구현을 진행할 수 있다.

구현

이제 서비스 정의에서 설정한 원격 메서드들로 gRPC 서비스를 구현해보자. 이 원격 메서드들은 서버에 의해 제공되며, gRPC 클라이언트는 서버에 연결해 해당 원격 메서드를 호출한다.

그림 2-2와 같이 먼저 ProductInfo 서비스 정의를 컴파일하고 선택한 언어로 소스코드를 생성해야 한다. 기본적으로 gRPC는 자바, Go, 파이썬, 루비Ruby, C, C++,

노드^{Node} 등의 널리 사용되는 프로그래밍 언어를 지원하며, 서비스나 클라이언트를 구현할 때 사용할 언어를 선택할 수 있다. gRPC는 여러 언어와 플랫폼에서도 작동하는데, 하나의 언어로 서버를 작성하고 클라이언트는 다른 언어로 작성할 수 있다. 이 예제에서도 Go 언어와 자바를 사용해 클라이언트와 서버를 개발하는 데 선호하는 언어를 선택할 수 있다.

서비스 정의에서 소스코드를 생성하고자 프로토콜 버퍼 컴파일러(https://oreil.ly/CYEbY)를 사용해 프로토 파일을 수동으로 컴파일하거나 바젤^{Bazel}, 메이븐^{Maven}, 그래들^{Gradle}과 같은 빌드 자동화 도구를 사용할 수 있다. 이미 이런 자동화 도구에는 프로젝트를 빌드할 때 코드를 생성하는 설정을 갖고 있는데, 대부분의 경우 gRPC 서비스와 클라이언트 소스코드를 생성하기 위해 기존 빌드 도구와 통합하는 것이 더 쉽다.

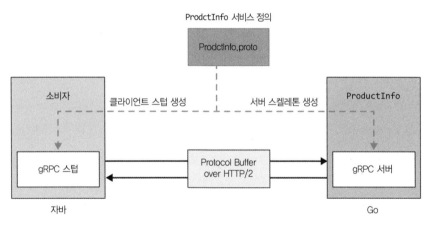

그림 2-2. 서비스 정의 기반 마이크로서비스와 소비자

예제에서는 그래들을 사용해 자바 애플리케이션을 빌드하고 그래들 프로토콜 버퍼 플러그인을 사용해 서비스와 클라이언트 코드를 생성한다. Go 애플리케이션의 경우에는 프로토콜 버퍼 컴파일러를 직접 사용해 코드를 생성한다.

이제 Go 언어와 자바에서 gRPC 서버와 클라이언트를 구현하는 과정을 살펴볼 것이다. 그 전에 로컬 시스템에 자바 7 이상과 Go 1.11 이상이 설치돼 있는지 먼저 확인하자.

서비스 개발

서비스 스켈레톤 코드를 생성하면 gRPC 통신, 관련 메시지 타입, 인터페이스를 설정하는 데 필요한 저수준low-level 코드가 제공된다. 서비스 구현 작업은 코드 생성 단계로 얻어진 인터페이스를 구현하는 것이다. Go 서비스를 먼저 구현해보고 자바로 동일한 서비스를 구현하는 방법을 살펴보자.

Go를 사용한 gRPC 서비스 구현

Go 서비스 구현은 세 단계로 구성된다. 첫 번째로 서비스 정의의 스텁을 생성한 다음, 서비스의 모든 원격 메서드에 대한 비즈니스 로직을 구현한다. 마지막으로 지정된 포트port를 리슨listen하는 서버를 작성하고 클라이언트 요청을 승인하도록 서비스를 등록한다. 우선 새로운 Go 모듈Module을 만든다. 하나의 모듈과 모듈 안에 하위 디렉터리를 만드는데, 이 productinfo/service 모듈에는 서비스 코드가 작성되고 하위 디렉터리(ecommerce)는 자동 생성된 스텁 파일을 보관하는 데 사용한다. productinfo 디렉터리 안에 service 디렉터리를 만든 다음, service 디렉터리로 들어가 다음과 같은 명령으로 productinfo/service 모듈을 생성한다.

```
go mod init productinfo/service
```

모듈을 생성하고 모듈 내부에 하위 디렉터리를 만들며 다음과 같은 모듈 구조를 갖는다.

```
└ productinfo
    └ service
        ├── go.mod
        ├ . . .
        └── ecommerce
            └ . . .
```

그리고 다음과 같이 go.mod 파일에 특정 버전을 지정해 종속성을 정의한다.

```
module productinfo/service

require (
    github.com/gofrs/uuid v3.2.0
    github.com/golang/protobuf v1.3.2
    github.com/google/uuid v1.1.1
    google.golang.org/grpc v1.24.0
)
```

 Go 1.11부터 개발자가 GOPATH 외부에서 Go 프로젝트를 작성하고 빌드할 수 있는 새로운 모듈 개념을 도입했다. Go 모듈을 작성하려면 $GOPATH/src 외부에 디렉터리를 생성한 후에 해당 디렉터리에서 다음과 같은 명령을 실행함으로써 지정된 이름으로 모듈을 초기화해야 한다.

```
go mod init <module_name>
```

모듈이 초기화되면 모듈의 최상위 디렉터리 안에 go.mod 파일이 생성된다. 그런 다음에는 모듈 내에 Go 소스 파일을 만들어 빌드할 수 있고, go.mod에 나열된 특정 종속성 모듈 버전을 사용해 임포트를 처리한다.

클라이언트/서버 스텁 생성

이제 프로토콜 버퍼 컴파일러를 사용해 클라이언트/서버 스텁을 수동으로 생성한다. 이를 위해서는 다음과 같은 전제 조건이 충족돼야 한다.

- 깃허브 릴리스 페이지(https://oreil.ly/Ez8qu)에서 최신 프로토콜 버퍼 버전 3 컴파일러를 다운로드해 설치한다.

 컴파일러를 다운로드할 때 사용하는 플랫폼에 맞게 컴파일러를 선택해야 한다. 예를 들어 64비트 리눅스를 사용 중이고 프로토콜 버퍼 컴파일러 버전 x.x.x가 필요한 경우 protoc-x.x.x-linux-x86_64.zip 파일을 다운로드한다.[1]

- 다음 명령을 사용해 gRPC 라이브러리를 설치한다.

```
go get -u google.golang.org/grpc
```

- 다음 명령을 사용해 Go 언어용 protoc 플러그인을 설치한다.

```
go get -u github.com/golang/protobuf/protoc-gen-go
```

모든 전제 조건이 충족되면 다음과 같이 **protoc** 명령을 실행해 서비스 정의 코드를 생성할 수 있다.

```
protoc -I ecommerce \ ❶
    ecommerce/product_info.proto \ ❷
        --go_out=plugins=grpc:<module_dir_path>/ecommerce ❸
```

❶ 소스 proto 파일과 참조하는 proto 파일이 존재하는 디렉터리 경로를 지정한다 (--proto_path나 -I 명령 플래그로 지정). 값을 지정하지 않으면 현재 디렉터리가 소스 디렉터리로 사용되며 디렉터리 안에는 패키지 이름에 따라 참조하는 proto 파일이 있어야 한다.

---

1. 프로토콜 버퍼는 별도의 설치 프로그램이 없다. 압축 파일을 다운로드한 후 임의의 디렉터리에 압축을 해제하고 시스템의 PATH 환경 변수에 bin 디렉터리를 추가만 하면 된다. - 옮긴이

❷ 컴파일하려는 proto 파일 경로를 지정한다. 컴파일러는 파일을 읽고 Go 파일을 생성한다.

❸ 생성된 코드를 저장하고자 하는 타깃 디렉터리를 지정한다.

옮긴이의 메모

원서에는 설명이 생략돼 있지만, 위 protoc 명령이 잘 실행되려면 2가지 추가 작업이 더 필요하다. 우선 ecommerce/product_info.proto 파일을 생성해야 한다. 내용은 코드 2-4 를 참고하라. 두 번째는 설치한 Go 언어용 protoc 플러그인이 PATH에 추가돼 있어야 한다. go get 명령으로 설치된 프로그램은 GOPATH 경로 밑의 bin 디렉터리에 실행 파일이 생성되므로 이 경로가 시스템의 PATH 환경 변수에 없다면 추가해야 한다. 아울러 〈module_dir_path〉는 실제 디렉터리로, 상대 경로(예, ./ecommerce)나 절대 경로 로 지정해야 한다.

명령이 실행되면 스텁 파일(product_info.pb.go)이 모듈의 지정 디렉터리(ecommerce) 내에 생성된다. 스텁을 생성했으므로 이제 생성된 코드를 사용해 비즈니스 로직 을 구현해야 한다.

비즈니스 로직 구현

먼저 Go 모듈(productinfo/service) 내에 productinfo_service.go라는 Go 파일을 만 들고 코드 2-6과 같이 원격 메서드를 구현한다.

코드 2-6. ProductInfo 서비스의 gRPC Go 구현

```
package main

import (
    "context"

    pb "productinfo/service/ecommerce" ❶

    "github.com/gofrs/uuid"
    "google.golang.org/grpc/codes"
    "google.golang.org/grpc/status"
)
```

```go
// server는 ecommerce/product_info를 구현하는 데 사용된다.
type server struct{ ❷
    productMap map[string]*pb.Product
}

// AddProduct는 ecommerce.AddProduct를 구현한다.
func (s *server) AddProduct(ctx context.Context,
        in *pb.Product) (*pb.ProductID, error) { ❸❺❻
    out, err := uuid.NewV4()
    if err != nil {
        return nil, status.Errorf(codes.Internal,
                "Error while generating Product ID", err)
    }
    in.Id = out.String()
    if s.productMap == nil {
        s.productMap = make(map[string]*pb.Product)
    }
    s.productMap[in.Id] = in
    return &pb.ProductID{Value: in.Id}, status.New(codes.OK, "").Err()
}

// GetProduct는 ecommerce.GetProduct를 구현한다.
func (s *server) GetProduct(ctx context.Context,
        in *pb.ProductID) (*pb.Product, error) { ❹❺❻
    value, exists := s.productMap[in.Value]
    if exists {
        return value, status.New(codes.OK, "").Err()
    }
    return nil, status.Errorf(codes.NotFound, "Product does not exist.", in.Value)
}
```

---

❶ 프로토버프 컴파일러로 생성된 코드가 포함된 패키지를 임포트한다.

❷ server 구조체는 서버에 대한 추상화로 서버에 서비스 메서드를 지정한다.

❸ AddProduct 메서드는 Product를 파라미터로 사용하고 ProductID를 반환한다.

Product와 ProductID 구조체는 product_info.pb.go 파일에 정의돼 있으며, 이
는 product_info.proto에 의해 자동 생성된 파일이다.

❹ GetProduct 메서드는 ProductID를 파라미터로 사용하고 Product를 반환한다.

❺ 두 메서드 모두 Context 파라미터를 갖는데, Context 객체에는 최종 사용자 인
증 토큰의 ID와 요청 데드라인과 같은 메타데이터가 포함되며, 서비스 요청 동
안 존재한다.

❻ 두 메서드 모두 원격 메서드의 반환값 외에 에러를 반환한다(메서드는 다중 반환
타입을 갖을 수 있음). 이 에러는 소비자에게 전파되며 소비자 측에서 에러 처리
에 사용된다.

이 코드가 ProductInfo 서비스의 비즈니스 로직을 구현하기 위한 전부다. 그런 다음
서비스를 호스팅하고 클라이언트의 요청을 수락하는 간단한 서버를 만들면 된다.

Go 서버 생성

Go에서 서버를 만들려면 동일한 Go 패키지(productinfo/service) 내에 main.go라는
Go 파일을 만들고 코드 2-7과 같이 구현한다.

코드 2-7. ProductInfo 서비스를 호스팅하기 위한 gRPC 서버 구현

```
package main

import (
    "log"
    "net"
    pb "productinfo/service/ecommerce"  ❶
    "google.golang.org/grpc"
)

const (
    port = ":50051"
```

```
)

func main() {
    lis, err := net.Listen("tcp", port) ❷
    if err != nil {
        log.Fatalf("failed to listen: %v", err)
    }
    s := grpc.NewServer() ❸
    pb.RegisterProductInfoServer(s, &server{}) ❹

    log.Printf("Starting gRPC listener on port " + port)
    if err := s.Serve(lis); err != nil { ❺
        log.Fatalf("failed to serve: %v", err)
    }
}
```

❶ 프로토버프 컴파일러로 생성된 코드가 포함된 패키지를 임포트한다.

❷ gRPC 서버가 바인딩하고자 하는 TCP 리스너는 지정 포트(50051)로 생성된다.

❸ RPC Go API를 호출해 새 gRPC 서버 인스턴스를 생성한다.

❹ 이전에 구현된 서비스로 생성된 API를 호출해 새로 작성된 gRPC 서버에 등록한다.

❺ 포트(50051)에서 수신되는 메시지를 리스닝하기 시작한다.

Go 언어로 비즈니스에 대한 gRPC 서비스 구축을 완료했으며, 서비스 메서드를 노출하고 gRPC 클라이언트의 메시지를 수락하는 간단한 서버를 만들었다.

서비스 구축에 자바 사용을 선호한다면 자바를 사용해 동일한 서비스를 구현할 수 있다. 구현 절차는 Go 언어와 매우 유사하기 때문에 자바 언어를 사용해 동일한 서비스를 만들어보자. 대신 Go 언어에서 클라이언트 애플리케이션을 작성하려면 'gRPC 클라이언트 개발' 절로 바로 넘어가자.

자바를 사용한 gRPC 서비스 구현

자바 gRPC 프로젝트를 작성할 때 가장 좋은 방법은 그래들, 메이븐, 바젤과 같은 기존 빌드 도구를 사용하는 것인데, 모든 종속성과 코드 생성 등을 관리해주기 때문이다. 여기에서는 그래들을 사용해 프로젝트를 관리하고 이를 활용해 자바 프로젝트를 생성하는 방법과 모든 원격 서비스 메서드의 비즈니스 로직을 구현하는 방법을 알아본다. 최종적으로 서버를 만들고 클라이언트 요청을 처리하고자 서비스를 등록한다.

 그래들은 자바, 스칼라(Scala), 안드로이드(Android), C/C ++, 그루비(Groovy)를 비롯한 여러 언어를 지원하는 빌드 자동화 도구며, 이클립스(Eclipse)나 인텔리제이(IntelliJ) IDEA 같은 개발 도구와 밀접하게 통합돼 있다. 공식 문서(https://gradle.org/install)에 제공된 단계에 따라 컴퓨터에 그래들을 설치할 수 있다.

자바 프로젝트 설정

먼저 그래들 자바 프로젝트(product-info-service)를 만든다. 프로젝트가 생성되면 다음과 같은 프로젝트 구조를 갖는다.

```
product-info-service
├── build.gradle
├── . . .
└── src
    ├── main
    │   ├── java
    │   └── resources
    └── test
        ├── java
        └── resources
```

src/main 디렉터리 밑에 proto 디렉터리를 생성하고 그 proto 디렉터리 안에 **ProductInfo** 서비스 정의 파일(.proto 파일)을 추가한다.

옮긴이의 메모

그레들 자바 프로젝트 구조는 다음과 같이 gradle init 명령을 사용해 쉽게 생성할 수도 있지만, 추가적인 파일들이 생성되고 원서의 예제 진행과 다르기 때문에 단순히 참고만 하자. 여기서는 직접 제시된 디렉터리를 만들면 된다. 아울러 ProductInfo 서비스 정의 파일은 기존 코드 2-5와 같다.

```
$ mkdir product-info-service
$ cd product-info-service
$ gradle init --type java-application
Select build script DSL:
    1: Groovy
    2: Kotlin
Enter selection (default: Groovy) [1..2]

Select test framework:
    1: JUnit 4
    2: TestNG
    3: Spock
    4: JUnit Jupiter
Enter selection (default: JUnit 4) [1..4]

Project name (default: product-info-service):
Source package (default: product.info.service): ecommerce

...

BUILD SUCCESSFUL in 1m 23s
2 actionable tasks: 2 executed
$ tree
.
├── build.gradle
├── gradle
│   └── wrapper
│       ├── gradle-wrapper.jar
│       └── gradle-wrapper.properties
├── gradlew
```

```
├── gradlew.bat
├── settings.gradle
└── src
    ├── main
    │   ├── java
    │   │   └── ecommerce
    │   │       └── App.java
    │   └── resources
    └── test
        ├── java
        │   └── ecommerce
        │       └── AppTest.java
        └── resources

11 directories, 8 files
```

다음으로 build.gradle 파일을 수정하고 그래들에 대한 의존성과 프로토버프 플러그인에 대한 의존성을 추가해야 한다. 코드 2-8과 같이 build.gradle 파일을 수정한다.

코드 2-8. gRPC 자바 프로젝트 그래들 설정

```
apply plugin: 'java'
apply plugin: 'com.google.protobuf'

repositories {
    mavenCentral()
}

def grpcVersion = '1.24.1' ❶

dependencies { ❷
    compile "io.grpc:grpc-netty:${grpcVersion}"
    compile "io.grpc:grpc-protobuf:${grpcVersion}"
    compile "io.grpc:grpc-stub:${grpcVersion}"
```

```
        compile 'com.google.protobuf:protobuf-java:3.9.2'
}

buildscript {
    repositories {
        mavenCentral()
    }
    dependencies { ❸
        classpath 'com.google.protobuf:protobuf-gradle-plugin:0.8.10'
    }
}

protobuf { ❹
    protoc {
        artifact = 'com.google.protobuf:protoc:3.9.2'
    }
    plugins {
        grpc {
            artifact = "io.grpc:protoc-gen-grpc-java:${grpcVersion}"
        }
    }
    generateProtoTasks {
        all()*.plugins {
            grpc {}
        }
    }
}

sourceSets { ❺
    main {
        java {
            srcDirs 'build/generated/source/proto/main/grpc'
            srcDirs 'build/generated/source/proto/main/java'
        }
    }
}
```

```
jar { ❻
    manifest {
        attributes "Main-Class": "ecommerce.ProductInfoServer"
    }
    from {
        configurations.compile.collect { it.isDirectory() ? it : zipTree(it) }
    }
}

apply plugin: 'application'
startScripts.enabled = false
```

❶ 그래들 프로젝트에 사용된 gRPC 자바 라이브러리 버전이다.

❷ 프로젝트에 사용되는 외부 의존성 정보다.

❸ 프로젝트에서 사용하는 그래들 프로토버프 플러그인 버전으로, 그래들 버전이 2.12보다 낮으면 플러그인 버전은 0.7.5를 사용해야 한다.

❹ 프로토버프 플러그인에서 프로토버프 컴파일러 버전과 프로토버프 자바 실행 파일 버전을 지정한다.

❺ 생성되는 코드 디렉터리를 인텔리제이 IDEA, 이클립스 넷빈^{NetBeans}과 같은 IDE 에 지정하기 위한 정보다.

❻ 애플리케이션을 실행할 때 사용할 기본 클래스를 지정한다.

그런 다음 아래 명령을 실행해 라이브러리를 빌드하고 프로토버프 빌드 플러그인 에서 스텁 코드를 생성한다.

```
$ gradle build
```

이제 자동 생성 코드를 사용할 수 있는 자바 프로젝트가 준비됐고, 서비스 인터페이스를 구현하고 원격 메서드에 비즈니스 로직을 추가할 수 있다.

비즈니스 로직 구현

먼저 src/main/java 디렉터리에 자바 패키지(ecommerce)를 만들고 패키지 내에 자바 클래스(ProductInfoImpl.java)를 생성한다. 그런 다음 코드 2-9와 같이 원격 메서드를 구현한다.

코드 2-9. ProductInfo 서비스의 gRPC 서비스 자바 구현

```
package ecommerce;

import io.grpc.Status;
import io.grpc.StatusException;

import java.util.HashMap;
import java.util.Map;
import java.util.UUID;

public class ProductInfoImpl extends ProductInfoGrpc.ProductInfoImplBase { ❶

    private Map productMap = new HashMap<String, ProductInfoOuterClass.Product>();

    @Override
    public void addProduct(
        ProductInfoOuterClass.Product request,
        io.grpc.stub.StreamObserver
                <ProductInfoOuterClass.ProductID> responseObserver) { ❷❸
        UUID uuid = UUID.randomUUID();
        String randomUUIDString = uuid.toString();
        request = request.toBuilder().setId(randomUUIDString).build();
        productMap.put(randomUUIDString, request);
        ProductInfoOuterClass.ProductID id =
                ProductInfoOuterClass.ProductID.newBuilder()
                .setValue(randomUUIDString).build();
```

```
        responseObserver.onNext(id); ❺
        responseObserver.onCompleted(); ❻
    }

    @Override
    public void getProduct(
        ProductInfoOuterClass.ProductID request,
        io.grpc.stub.StreamObserver
                <ProductInfoOuterClass.Product> responseObserver) { ❸❹
        String id = request.getValue();
        if (productMap.containsKey(id)) {
            responseObserver.onNext(
                (ProductInfoOuterClass.Product) productMap.get(id)); ❺
            responseObserver.onCompleted(); ❻
        } else {
            responseObserver.onError(new StatusException(Status.NOT_FOUND)); ❼
        }
    }
}
```

❶ 플러그인에 의해 생성된 추상 클래스(ProductInfoGrpc.ProductInfoImplBase)를
확장한다. 이를 통해 서비스에 정의된 AddProduct와 GetProduct 메서드에 비
즈니스 로직을 추가할 수 있다.

❷ AddProduct 메서드는 Product(ProductInfoOuterClass.Product)를 파라미터로
사용한다. Product 클래스는 서비스 정의에 의해 생성된 ProductInfoOuterClass
클래스에 선언돼 있다.

❸ GetProduct 메서드는 ProductID(ProductInfoOuterClass.ProductID)를 파라미터
로 사용한다. ProductID 클래스는 서비스 정의에 의해 생성된 ProductInfoOuterClass
클래스에 선언돼 있다.

❹ responseObserver 객체는 클라이언트에게 응답을 보내고 스트림을 닫는 데 사용된다.

❺ 클라이언트에게 응답을 보낸다.

❻ 스트림을 닫아 클라이언트 호출을 종료한다.

❼ 클라이언트에게 에러를 보낸다.

앞 코드가 자바로 ProductInfo 서비스의 비즈니스 로직을 구현하기 위한 전부며, 이제 서비스를 호스팅하고 클라이언트 요청을 처리하는 간단한 서버를 만들 수 있다.

자바 서버 생성

서비스를 외부에 제공하려면 gRPC 서버 인스턴스를 생성하고 ProductInfo 서비스를 서버에 등록하면 된다. 그러면 서버는 지정된 포트에서 수신을 대기하고 모든 요청을 등록한 서비스로 보낸다. 코드 2-10과 같이 메인 클래스(ProductInfoServer.java)를 작성해보자.

코드 2-10. ProductInfo 서비스 호스팅용 gRPC 서버 자바 구현

```
package ecommerce;

import io.grpc.Server;
import io.grpc.ServerBuilder;

import java.io.IOException;

public class ProductInfoServer {
    public static void main(String[] args)
            throws IOException, InterruptedException {
        int port = 50051;
        Server server = ServerBuilder.forPort(port) ❶
                .addService(new ProductInfoImpl())
                .build()
```

```
            .start();
        System.out.println("Server started, listening on " + port);

        Runtime.getRuntime().addShutdownHook(new Thread(() -> { ❷
            System.err.println("Shutting down gRPC server since JVM is " +
                    "shutting down");
            if (server != null) {
                server.shutdown();
            }
            System.err.println("Server shut down");
        }));
        server.awaitTermination(); ❸
    }
}
```

❶ 서버 인스턴스는 포트 50051로 생성되는데, 이 포트는 서버가 바인딩해 메시지를 수신하는 포트다. 그리고 ProductInfo 서비스 구현이 서버에 추가됐다.

❷ JVM 종료 시 gRPC 서버를 종료하고자 런타임 종료 후크^{runtime shutdown hook}가 추가된다.

❸ 메서드 끝에서 서버 스레드는 서버가 종료될 때까지 대기한다.

지금까지 두 언어로 gRPC 서비스를 구현했으며, 이제 gRPC 클라이언트 구현을 알아보자.

gRPC 클라이언트 개발

gRPC 서비스 구현과 마찬가지로 이제 서버와 통신할 애플리케이션 만드는 방법을 알아보자. 서비스 정의에서 클라이언트 스텁을 생성하는 것부터 시작한다. 생성된 클라이언트 스텁 외에 gRPC 서버에 연결하고 제공되는 원격 메서드를 호출하는 간단한 gRPC 클라이언트를 작성한다.

이 예제에서는 클라이언트를 자바와 Go 언어로 작성하지만, 서버와 클라이언트는 프로그래밍 언어나 플랫폼에 제한되지 않는다. gRPC는 여러 언어나 플랫폼에서 동작하기 때문에 지원되는 어떤 언어로든 개발할 수 있다. 먼저 Go 언어 구현을 알아보자. 자바 구현을 먼저 확인하고자 한다면 다음 절을 건너뛰고 '자바 클라이언트 구현' 절로 바로 넘어가자.

gRPC Go 클라이언트 구현

새로운 Go 모듈(productinfo/client)을 만들고 모듈 안에 하위 디렉터리(ecommerce)를 생성한다. Go 클라이언트 애플리케이션을 구현하려면 Go 서비스를 구현할 때처럼 스텁을 생성해야 한다. 동일한 파일(product_info.pb.go)을 생성해야 하고 스텁을 생성하고자 동일한 단계를 거치므로 여기서는 다시 언급하지 않는다. 스텁 파일을 다시 생성하려면 '클라이언트/서버 스텁 생성' 절을 참조하면 된다.

옮긴이의 메모

간단하게 스텁을 생성하는 방법을 되짚어보자. 우선 Go 모듈을 생성할 적당한 디렉터리를 만든다. 예를 들어 productinfo/client라고 하자. 참고로 서버는 productinfo/service 디렉터리였다. 생성된 디렉터리로 이동 후 다음과 같은 명령으로 Go 모듈을 생성한다.

```
$ cd productinfo/client
$ go mod init productinfo/client
```

그 후 생성된 go.mod 파일을 다음과 같이 수정한다.

```
module productinfo/service

require (
    github.com/golang/protobuf v1.3.2
    google.golang.org/grpc v1.24.0
)
```

서버와는 달리 프로토버프와 gRPC 참조만 사용하면 된다. 이제 proto 서비스 정의 파일을 생성할 차례인데, 이미 서버를 만들 때에 사용한 product_info.proto을 그대로 사용하면 된다. 이 파일을 서버와 달리 ecommerce 디렉터리가 아닌 현재 디렉터리(productinfo/client)에 복사한 다음 아래와 같은 명령으로 스텁을 생성해보자. 다만 생성된 스텁 파일의 패키지는 ecommerce를 그대로 사용하고자 ecommerce 디렉터리를 생성한 후에 결과를 이 디렉터리로 저장한다.

```
$ mkdir ecommerce
$ protoc -I . product_info.proto --go_out=plugins=grpc:./ecommerce
```

이제 ecommerce/product_info.pb.go 파일이 생성됐는지 확인한 후에 클라이언트 생성 예제를 계속 진행하면 된다.

Go 모듈(productinfo/client)에 productinfo_client.go라는 이름의 Go 파일을 만들고 코드 2-11와 같이 원격 메서드를 호출하는 메인 메서드를 구현한다.

코드 2-11. gRPC 클라이언트 Go 애플리케이션

```
// ProductInfo.proto
package main

import (
    "context"
    "log"
    "time"
    pb "productinfo/client/ecommerce" ❶
    "google.golang.org/grpc"
)

const (
    address = "localhost:50051"
)

func main() {
    conn, err := grpc.Dial(address, grpc.WithInsecure()) ❷
    if err != nil {
```

```go
        log.Fatalf("did not connect: %v", err)
    }
    defer conn.Close() ❼
    c := pb.NewProductInfoClient(conn) ❸

    name := "Apple iPhone 11"
    description := `Meet Apple iPhone 11. All-new dual-camera system with
        Ultra Wide and Night mode.`
    price := float32(1000.0)
    ctx, cancel := context.WithTimeout(context.Background(), time.Second) ❹
    defer cancel()
    r, err := c.AddProduct(ctx,
        &pb.Product{Name: name, Description: description, Price: price}) ❺
    if err != nil {
        log.Fatalf("Could not add product: %v", err)
    }
    log.Printf("Product ID: %s added successfully", r.Value)

    product, err := c.GetProduct(ctx, &pb.ProductID{Value: r.Value}) ❻
    if err != nil {
        log.Fatalf("Could not get product: %v", err)
    }
    log.Printf("Product: ", product.String())
}
```

❶ 프로토버프 컴파일러로 생성한 코드가 포함된 패키지를 임포트한다.

❷ 제공된 주소('localhost:50051')로 서버와의 커넥션을 설정한다. 여기서는 클라이 언트와 서버 사이에 보안되지 않은 커넥션을 만든다.

❸ 커넥션을 전달해 스텁을 생성한다. 이 스텁 인스턴스에는 서버를 호출하는 모 든 원격 메서드가 포함돼 있다.

❹ 원격 호출과 함께 전달할 Context를 생성한다. 이 Context 객체에는 최종 사용 자 인증 토큰에 대한 ID와 요청 데드라인 같은 메타데이터가 포함되며 서비스

요청 동안 유지된다.

❺ 제품 정보와 함께 addProduct 메서드를 호출한다. 호출이 완료되면 제품 ID를 반환하고 그렇지 않으면 에러가 반환된다.

❻ 제품 ID로 getProduct를 호출한다. 호출이 완료되면 제품 정보를 반환하고, 그렇지 않으면 에러가 반환된다.

❼ 모든 작업이 끝나면 커넥션을 종료한다.

이제 Go 언어로 gRPC 클라이언트 개발을 완료했으며 다음으로 자바를 사용해 클라이언트를 만들어보자. 이 단계는 필수는 아니지만 자바로 gRPC 클라이언트 개발이 필요하다면 다음 절을 확인하자. 그렇지 않으면 다음 절을 건너뛰고 '빌드와 실행' 절로 바로 넘어가자.

자바 클라이언트 구현

자바 클라이언트 작성을 위해 자바 서비스 구현과 마찬가지로 그래들 프로젝트 (product-info-client)를 설정하고 그래들 플러그인을 사용해 클래스를 생성해야 한다. 자바 클라이언트 프로젝트를 설정하려면 '자바 프로젝트 설정' 절을 확인해보자.

옮긴이의 메모
자바 프로젝트에서도 스텁을 생성했던 방법을 다시 한 번 확인해보자. product-info-client에서 우선 그래들 프로젝트 구조인 다음 디렉터리들을 생성하자.

```
$ cd product-info-client
$ mkdir -p src/main/java
$ mkdir -p src/main/resources
```

참고로 '-p' 옵션은 여러 단계의 디렉터리를 동시에 생성하는 옵션으로 윈도우에서는 별도의 옵션을 지정하지 않더라도 자동으로 하위 디렉터리들이 생성된다.

그런 다음 아래와 같이 build.gradle 파일을 새로 만들자(서버에서 사용한 기존 코드 2-8과 동일하며, Main-Class만 ecommerce.ProductInfoServer에서 ecommerce.ProductInfoClient로 변경하면 된다).

```
apply plugin: 'java'
apply plugin: 'com.google.protobuf'

repositories {
    mavenCentral()
}

def grpcVersion = '1.24.1'

dependencies {
    compile "io.grpc:grpc-netty:${grpcVersion}"
    compile "io.grpc:grpc-protobuf:${grpcVersion}"
    compile "io.grpc:grpc-stub:${grpcVersion}"
    compile 'com.google.protobuf:protobuf-java:3.9.2'
}

buildscript {
    repositories {
        mavenCentral()
    }
    dependencies {
        classpath 'com.google.protobuf:protobuf-gradle-plugin:0.8.10'
    }
}

protobuf {
    protoc {
        artifact = 'com.google.protobuf:protoc:3.9.2'
    }
    plugins {
        grpc {
            artifact = "io.grpc:protoc-gen-grpc-java:${grpcVersion}"
        }
    }
    generateProtoTasks {
```

```
        all()*.plugins {
            grpc {}
        }
    }
}

sourceSets {
    main {
        java {
            srcDirs 'build/generated/source/proto/main/grpc'
            srcDirs 'build/generated/source/proto/main/java'
        }
    }
}

jar {
    manifest {
        attributes "Main-Class": "ecommerce.ProductInfoClient"
    }
    from {
        configurations.compile.collect {
            it.isDirectory() ? it : zipTree(it)
        }
    }
}

apply plugin: 'application'
startScripts.enabled = false
```

proto 서비스 정의 파일도 이미 여러 번 사용한 product_info.proto을 그대로 사용하는데, 파일 위치는 src/main/proto 디렉터리며 다음과 같이 그래들 명령을 사용하면 스텁 파일 이 생성된다.

```
$ ls src/main/proto/product_info.proto
src/main/proto/product_info.proto
$ gradle build
```

그래들 빌드 도구를 통해 프로젝트에 대한 클라이언트 스텁 코드를 생성한 후 ecommerce 패키지에 ProductInfoClient라는 클래스를 작성하고 코드 2-12의 내용을 추가한다.

코드 2-12. gRPC 클라이언트 자바 애플리케이션

```java
package ecommerce;

import io.grpc.ManagedChannel;
import io.grpc.ManagedChannelBuilder;
import java.util.logging.Logger;

/**
 * productInfo 서비스에 대한 gRPC 클라이언트 샘플
 */
public class ProductInfoClient {
    public static void main(String[] args) throws InterruptedException {
        ManagedChannel channel = ManagedChannelBuilder
                .forAddress("localhost", 50051) ❶
                .usePlaintext()
                .build();

        ProductInfoGrpc.ProductInfoBlockingStub stub =
                ProductInfoGrpc.newBlockingStub(channel); ❷

        ProductInfoOuterClass.ProductID productID = stub.addProduct( ❸
                ProductInfoOuterClass.Product.newBuilder()
                .setName("Apple iPhone 11")
                .setDescription("Meet Apple iPhone 11. " +
                        "All-new dual-camera system with " +
                        "Ultra Wide and Night mode.")
                .setPrice(1000.0f)
                .build());
        System.out.println(productID.getValue());

        ProductInfoOuterClass.Product product = stub.getProduct(productID); ❹
        System.out.println(product.toString());
```

```
        channel.shutdown();❺
    }
}
```

❶ 연결하려는 서버 주소와 포트를 지정해 gRPC 채널을 만든다. 여기서는 같은 컴퓨터에서 실행되고 포트 50051로 수신을 대기하는 서버에 연결하며, 평문을 사용하는 데 클라이언트와 서버 사이에 보안되지 않은 연결을 사용한다.

❷ 새로 생성된 채널을 사용해 클라이언트 스텁을 만드는데, 2가지 유형을 사용할 수 있다. 하나는 서버의 응답을 받을 때까지 대기하는 `BlockingStub`이고, 다른 하나는 서버 응답을 기다리지 않고 옵저버observer를 등록해 응답을 받는 `NonBlockingStub`이다. 여기서는 `BlockingStub`을 사용해 간단한 클라이언트를 사용했다.

❸ 제품 정보와 함께 `addProduct` 메서드를 호출한다. 호출이 완료되면 제품 ID를 반환한다.

❹ 제품 ID로 `getProduct`를 호출한다. 호출이 완료되면 제품 정보를 반환한다.

❺ 모든 작업이 완료되면 연결을 종료해 애플리케이션에서 사용한 네트워크 리소스를 안전하게 반환한다.

이제 gRPC 클라이언트 개발도 완료했으니 클라이언트와 서버가 서로 대화하게 해보자.

빌드와 실행

이제 gRPC 서버와 클라이언트 애플리케이션을 빌드하고 실행할 차례다. 로컬 머신, 가상 머신, 도커나 쿠버네티스에 gRPC 애플리케이션을 배포하고 실행할 수 있다. 이 절에서는 로컬 머신에서 gRPC 서버와 클라이언트 애플리케이션을 빌드하고 실행하는 방법을 알아본다.

 도커와 쿠버네티스 환경에서 gRPC 애플리케이션을 빌드하고 실행하는 방법은 7장에서 설명한다.

방금 개발한 gRPC 서버와 클라이언트 애플리케이션을 로컬 머신에서 실행해보자. 서버와 클라이언트 애플리케이션은 두 가지 언어로 작성되므로 서버 애플리케이션도 각각 빌드한다.

Go 서버 빌드

Go 서비스를 구현할 때 프로젝트의 최종 패키지 구조는 다음과 같았다.

```
└── productinfo
    └── service
        ├── go.mod
        ├── main.go
        ├── productinfo_service.go
        └── ecommerce
            └── product_info.pb.go
```

서비스 실행 파일(bin/server)를 생성하고자 서비스를 빌드할 수 있는데, 이를 위해 먼저 Go 모듈 루트 디렉터리 위치(productinfo/service)로 이동해 다음 셸 명령을 실행한다.

```
$ go build -i -v -o bin/server
```

옮긴이의 메모

–i는 참조하는 패키지를 빌드와 동시에 설치(install)하기 위한 옵션이고, –v는 컴파일하는 패키지를 출력하기 위한 옵션이다. 마지막으로 –o는 결과 실행 파일 경로와 파일명을 지정한다.

빌드가 완료되면 bin 디렉터리 아래에 실행 파일(bin/server)이 생성된다.

다음으로 Go 클라이언트를 설정해보자.

Go 클라이언트 빌드

Go 클라이언트를 구현할 때 프로젝트의 패키지 구조는 다음과 같았다.

```
└─ productinfo
   └─ client
      ├─ ecommerce
      │  └─ product_info.pb.go
      ├─ go.mod
      └─ productinfo_client.go
```

다음 셸 명령을 사용해 Go 서비스를 빌드와 동일하게 클라이언트 코드를 빌드할 수 있다.

```
$ go build -i -v -o bin/client
```

빌드가 완료되면 bin 디렉터리 아래에 실행 파일(bin/client)이 생성된다. 다음 단계는 파일을 실행하는 것이다.

Go 서버와 클라이언트 실행

방금 클라이언트와 서버를 만들었다. 별도 터미널에서 각각 실행해 서로 통신을 해보자.

```
// Running Server
$ bin/server
2019/08/08 10:17:58 Starting gRPC listener on port :50051

// Running Client
$ bin/client
2019/08/08 11:20:01 Product ID: 5d0e7cdc-b9a0-11e9-93a4-6c96cfe0687d
added successfully
2019/08/08 11:20:01 Product: id:"5d0e7cdc-b9a0-11e9-93a4-6c96cfe0687d"
    name:"Apple iPhone 11"
    description:"Meet Apple iPhone 11. All-new dual-camera system with
    Ultra Wide and Night mode."
    Price:1000
```

다음으로 자바 서버를 빌드해보자.

자바 서버 빌드

자바 서비스를 그래들^{Gradle} 프로젝트로 구성했기에 다음 명령을 사용해 프로젝트를 쉽게 빌드할 수 있다.

```
$ gradle build
```

빌드가 성공하면 build/libs 디렉터리 아래에 실행 가능한 JAR(product-info-service.jar)가 생성된다.

자바 클라이언트 빌드

서비스와 마찬가지로 다음 명령을 사용해 프로젝트를 쉽게 빌드할 수 있다.

```
$ gradle build
```

빌드가 성공하면 build/libs 디렉터리 아래에 실행 가능한 JAR(product-info-client.jar)
가 생성된다.

자바 서버와 클라이언트 실행

자바 언어로 클라이언트와 서버를 모두 빌드했으므로 이제 각각 실행해보자.

```
$ java -jar build/libs/product-info-service.jar
INFO: Server started, listening on 50051

$ java -jar build/libs/product-info-client.jar
INFO: Product ID: a143af20-12e6-483e-a28f-15a38b757ea8 added successfully.
INFO: Product: name: "Apple iPhone 11"
description: "Meet Apple iPhone 11. All-new dual-camera system with
Ultra Wide and Night mode."
price: 1000.0
```

로컬 머신에서 예제를 성공적으로 빌드하고 실행했다. 클라이언트와 서버가 성
공적으로 실행되면 클라이언트 애플리케이션은 먼저 제품 정보를 addProduct 메
서드와 함께 호출하고 새로 추가된 제품의 제품 식별자를 응답으로 받았다. 그런
다음 제품 ID로 getProduct 메서드를 호출해 새로 추가된 제품 정보를 조회한다.
이 장의 앞부분에서 언급했듯이 서버와 통신하고자 클라이언트를 동일한 언어로
작성할 필요가 없다. gRPC 자바 서버와 Go 클라이언트를 실행해도 아무 문제없
이 동작한다.

이것으로 이번 장을 마친다!

요약

gRPC 애플리케이션을 개발할 때는 먼저 구조화된 데이터를 직렬화하고자 언어에 구애받지 않는 플랫폼 중립적이며 확장 가능한 메커니즘인 프로토콜 버퍼를 사용해 서비스 인터페이스를 정의했다. 다음으로 선택한 프로그래밍 언어에 대한 서버와 클라이언트 코드를 생성해 저수준 통신 추상화를 제공함으로써 서버와 클라이언트 로직을 단순화한다. 서버에서는 원격으로 제공되는 메서드의 로직을 구현하고 서비스를 바인딩하는 gRPC 서버를 실행한다. 클라이언트에서는 원격 gRPC 서버에 연결하고 생성된 클라이언트 코드를 사용해 원격 메서드를 호출한다.

2장에서는 주로 gRPC 서버와 클라이언트 애플리케이션의 개발과 실행에 대한 실무 경험을 제공한다. 예제를 따라함으로써 얻는 경험은 실제 gRPC 애플리케이션을 구축 할 때 매우 유용한데, 사용하는 언어에 관계없이 gRPC 애플리케이션을 구축하는 데 비슷한 단계들을 거치기 때문이다. 3장에서는 실제 사례를 구축함으로써 배운 개념과 기술을 더욱 확장한다.

gRPC 통신 패턴

앞서 두 개의 장을 통해 gRPC의 프로세스 간 통신 기술의 기본 사항을 배웠고 간단한 gRPC 기반 애플리케이션을 구축해봤다. 서비스 인터페이스를 정의하고 서비스를 구현했으며, gRPC 서버를 실행한 후에 gRPC 클라이언트 애플리케이션을 사용해 원격으로 서비스를 호출했다. 클라이언트와 서버 간의 통신 패턴은 간단한 요청-응답 스타일의 통신으로 하나의 요청에 대해 단일 응답을 수신 받는다. 그러나 gRPC를 사용하면 간단한 요청-응답 패턴 이외의 다른 프로세스 간 통신 패턴(또는 RPC 스타일)을 활용할 수 있다.

3장에서는 gRPC 기반 애플리케이션에 사용되는 단일 RPC(단순 RPC), 서버 스트리밍, 클라이언트 스트리밍, 양방향 스트리밍의 네 가지 기본 통신 패턴을 살펴본다. 실사례를 활용해 각 패턴을 확인하고, gRPC IDL을 사용해 서비스를 정의하며, Go 언어를 통해 서비스와 클라이언트 모두를 구현한다.

Go와 자바 코드 샘플

일관성을 위해 3장의 모든 코드는 Go 언어를 사용해 작성한다. 그러나 자바 개발자를 위해 책의 소스코드 저장소에 동일한 유스케이스 샘플 자바 코드를 제공한다.

단순 RPC(단일 RPC)

단일 RPC^{unary RPC}로도 불리는 가장 간단한 RPC 스타일인 단순 RPC^{simple RPC}를 사용하는 gRPC 통신 패턴부터 시작해보자. 단순 RPC에서는 클라이언트가 서버의 원격 기능을 호출하고자 단일 요청을 서버로 보내고 상태에 대한 세부 정보 및 후행 ^{trailing} 메타데이터와 함께 단일 응답을 받는다. 사실 이 패턴은 1장과 2장에서 배운 것과 동일한 통신 패턴이며, 실제 사례를 통해 단순 RPC 패턴을 더 알아보자.

gRPC 기반 온라인 판매 애플리케이션에 대한 **OrderManagement** 서비스를 구성한다고 가정하자. 이 서비스의 일부로 구현해야 하는 메서드는 클라이언트가 주문 ID를 제공해 기존 주문을 조회할 수 있는 **getOrder** 메서드다. 그림 3-1과 같이 클라이언트는 주문 ID로 단일 요청을 보내며 서비스는 주문 정보가 포함된 단일 응답을 돌려주는데, 이 방식이 단순 RPC 패턴을 따른 것이다.

그림 3-1. 단순/단일 RPC

이제 이 패턴을 구현해보자. 첫 단계는 **getOrder** 메서드를 갖는 **OrderManagement** 에 대한 서비스 정의를 작성하는 것이다. 코드 3-1에서 볼 수 있듯이 프로토콜 버퍼를 사용해 서비스 정의를 작성하는데, **getOrder** 원격 메서드는 단일 요청 주문 ID를 갖으며 **Order** 메시지로 구성된 단일 응답을 받는다. 그리고 **Order** 메시지는 이 유스케이스에서 주문을 표현하는 데 필요한 자료 구조를 갖고 있다.

코드 3-1. 단순 RPC 패턴을 사용하는 OrderManagement 서비스 정의와 getOrder 메서드

```proto
syntax = "proto3";

import "google/protobuf/wrappers.proto"; ❶

package ecommerce;

service OrderManagement {
    rpc getOrder(google.protobuf.StringValue) returns (Order); ❷
}

message Order { ❸
    string id = 1;
    repeated string items = 2; ❹
    string description = 3;
    float price = 4;
    string destination = 5;
}
```

❶ 이 패키지를 사용해 **StringValue**와 같은 잘 알려진 타입을 활용한다.

❷ 주문을 조회하기 위한 원격 메서드다.

❸ Order 타입을 정의한다.

❹ repeated는 메시지에서 0을 포함해 한 번 이상 반복하는 필드를 나타내는 데 사용한다. 여기서 하나의 주문 메시지에는 여러 아이템이 있을 수 있다.

이제 gRPC 서비스 정의 프로토 파일을 사용해 서버 스켈레톤 코드를 생성하고 **getOrder** 메서드의 로직을 구현할 수 있다. 코드 3-2가 OrderManagement 서비스의 Go 구현에 대한 일부 코드다. **getOrder** 메서드의 입력으로 요청을 위한 하나의 주문 ID(문자열)를 사용하고 서버에서 주문을 찾아 Order 메시지(Order 구조체)로 응답한다. Order 메시지는 **nil** 에러와 함께 반환되는데, 이는 RPC 처리가 완료돼 Order가 클라이언트에게 반환될 수 있다는 것을 gRPC에 알리는 것이다.

getOrder에 대한 OrderManagement 서비스의 Go 구현

```go
// server/main.go
func (s *server) GetOrder(ctx context.Context,
        orderId *wrapper.StringValue) (*pb.Order, error) {
    // 서비스 구현
    ord := orderMap[orderId.Value]
    return &ord, nil
}
```

gRPC 서버와 클라이언트의 전체 메시지 흐름에 대한 자세한 내용은 4장에서 설명한다. 서비스 정의에서 getOrder 메서드에 지정한 파라미터 외에도 OrderManagement 서비스 구현에는 메서드에 전달되는 다른 Context 파라미터가 있다. 이 Context는 gRPC 동작을 제어하는 데 사용되는 데드라인이나 취소 처리와 같은 구성 정보를 포함한다. 이와 같은 개념들은 5장에서 자세히 살펴본다.

이제 getOrder 메서드를 원격으로 호출하는 클라이언트 로직을 구현해보자. 서버 구현과 마찬가지로 사용하고자 하는 언어에 대한 코드를 생성해 클라이언트 스텁을 만든 다음 해당 스텁을 사용해 서비스를 호출한다. 코드 3-3에서는 Go 언어의 gRPC 클라이언트를 사용해 OrderManagement 서비스를 호출한다. 물론 첫 단계는 서버에 대한 연결을 구성하고 서비스를 호출하고자 클라이언트 스텁을 시작하는 것이다. 그런 다음 간단히 클라이언트 스텁의 getOrder 메서드를 사용해 원격 메서드를 호출할 수 있다. 이에 대한 응답으로는 서비스 정의에서 프로토콜 버퍼를 사용해 정의한 주문 정보가 포함된 Order 메시지를 가져온다.

코드 3-3. 원격 메서드 getOrder를 호출하기 위한 클라이언트의 Go 구현

```go
// 서버와의 연결을 구성한다.
...
orderMgtClient := pb.NewOrderManagementClient(conn)
...

// 주문 정보 가져오기
```

```
retrievedOrder , rr := orderMgtClient.GetOrder(ctx,
        &wrapper.StringValue{Value: "106"})
log.Print("GetOrder Response -> : ", retrievedOrder)
```

단순 RPC 패턴은 구현하기가 매우 쉬우며 대부분의 프로세스 간 통신 유스케이스에 적합하다. 구현은 여러 프로그래밍 언어에서 매우 유사하며, Go 언어와 자바 소스코드를 이 책의 샘플 소스코드 저장소에서 확인할 수 있다.

단순 RPC 통신 패턴을 잘 이해했으므로 이제 서버 스트리밍 RPC를 알아보자.

서버 스트리밍 RPC

단순 RPC에서는 gRPC 서버와 gRPC 클라이언트 간의 통신에서 항상 단일 요청과 단일 응답을 갖는다. 서버 스트리밍 RPC^{server-streaming RPC}에서는 서버가 클라이언트의 요청 메시지를 받은 후 일련의 응답을 다시 보낸다. 이런 일련의 응답을 '스트림'이라고 한다. 모든 서버 응답을 보낸 후에 서버는 서버의 상태 정보를 후행 메타데이터로 클라이언트에 전송해 스트림의 끝을 알린다.

서버 스트리밍을 좀 더 이해하기 위해 실제 사례를 살펴보자. OrderManagement 서비스에서 검색어를 제공하고 일치하는 결과를 얻을 수 있는 주문 검색 기능을 구축한다고 가정하자(그림 3-2). OrderManagement 서비스는 일치하는 모든 주문을 한 번에 발송하지 않고 주문을 발견하는 대로 보낼 수 있다. 이는 주문 서비스 클라이언트가 전송한 단일 요청에 대해 여러 응답 메시지를 수신하는 것이다.

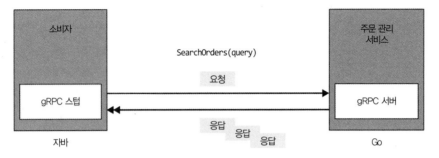

그림 3-2. 서버 스트리밍 RPC

이제 **OrderManagement** 서비스의 gRPC 서비스 정의에 **searchOrder** 메서드를 추가해보자. 코드 3-4와 같이 메서드 정의는 단순 RPC와 매우 유사하지만 프로토 서비스 정의 파일에서 반환 파라미터로 **returns(stream Order)**를 사용해 주문에 대한 스트림을 지정하고 있다.

코드 3-4. 서버 스트리밍 RPC에 대한 서비스 정의

```
syntax = "proto3";

import "google/protobuf/wrappers.proto";

package ecommerce;

service OrderManagement {
    ...
    rpc searchOrders(google.protobuf.StringValue) returns (stream Order); ❶
    ...
}

message Order {
    string id = 1;
    repeated string items = 2;
    string description = 3;
    float price = 4;
```

```
    string destination = 5;
}
```

❶ Order의 stream 메시지를 반환해 서버 스트리밍을 정의한다.

이 서비스 정의에서 서버 측 코드를 생성한 다음 생성된 인터페이스를 구현해서 OrderManagement gRPC 서비스의 searchOrder 메서드 로직을 구성한다. 코드 3-5 는 Go 언어 구현으로 SearchOrders 메서드에는 두 개의 파라미터, 즉 searchQuery 문자열과 응답을 보낼 수 있는 특별한 파라미터인 OrderManagement_Search OrdersServer가 있다. 이 OrderManagement_SearchOrdersServer가 여러 응답을 보낼 수 있는 스트림에 대한 참조 객체 역할을 한다. 여기서 비즈니스 로직은 일치 하는 주문을 찾아 스트림을 통해 하나씩 전송하는 것으로, 새로운 주문이 조회되 면 스트림 참조 객체의 Send(...) 메서드를 사용해 스트림에 기록한다. 모든 응답 이 스트림에 전송되고 nil을 반환하면 스트림의 끝을 표시할 수 있으며, 서버 상태 와 기타 후행 메타데이터가 클라이언트로 전송된다.

코드 3-5. searchOrders를 통한 주문 관리 서비스의 Go 구현

```
func (s *server) SearchOrders(searchQuery *wrappers.StringValue,
        stream pb.OrderManagement_SearchOrdersServer) error {
    for key, order := range orderMap {
        log.Print(key, order)
        for _, itemStr := range order.Items {
            log.Print(itemStr)
            if strings.Contains(
                    itemStr, searchQuery.Value) { ❶
                // 매칭되는 주문 정보를 스트림에 전송
                err := stream.Send(&order) ❷
                if err != nil {
                    return fmt.Errorf(
                            "error sending message to stream : %v", err) ❸
```

```
                    }
                    log.Print("Matching Order Found : " + key)
                break
            }
        }
    }
    return nil
}
```

❶ 일치하는 주문을 찾는다.

❷ 스트림을 통해 일치하는 주문을 보낸다.

❸ 클라이언트에 메시지를 스트리밍할 때 발생할 수 있는 에러를 확인한다.

클라이언트에서의 원격 메서드 호출은 단순 RPC와 매우 유사하지만 서버가 스트림에 여러 응답을 보냈듯이 여러 응답을 처리한다. 이에 따라 gRPC 클라이언트의 Go 구현(코드 3-6)에서 **Recv()** 메서드를 사용해 스트림 끝에 도달할 때까지 클라이언트 스트림에서 메시지를 계속 가져온다.

코드 3-6. searchOrders를 통한 주문 관리 클라이언트의 Go 구현

```
// 서버와의 연결을 구성한다.
...
c := pb.NewOrderManagementClient(conn)
...
searchStream, _ := c.SearchOrders(ctx,
        &wrapper.StringValue{Value: "Google"}) ❶

for {
    searchOrder, err := searchStream.Recv() ❷
    if err == io.EOF { ❸
        break
    }
```

```
    // 기타 가능한 에러의 처리
    log.Print("Search Result : ", searchOrder)
}
```

❶ SearchOrders 함수는 Recv 메서드가 있는 OrderManagement_Search Orders
   Client의 클라이언트 스트림을 반환한다.

❷ 클라이언트 스트림의 Recv() 메서드를 호출해 주문 응답을 하나씩 가져온다.

❸ 스트림의 끝에 도달하면 Recv는 io.EOF를 반환한다.

이제 서버 스트리밍 RPC와 반대되는 클라이언트 스트리밍 RPC를 살펴보자.

클라이언트 스트리밍 RPC

클라이언트 스트리밍 RPC$^{client-streaming RPC}$에서는 클라이언트가 하나의 요청이 아
닌 여러 메시지를 서버로 보내고, 서버는 클라이언트에게 단일 응답을 보낸다. 그
러나 서버는 클라이언트에서 모든 메시지를 수신해 응답을 보낼 때까지 기다릴
필요는 없다. 필요한 로직에 따라 스트림에서 하나 또는 여러 개의 메시지를 읽은
후 또는 모든 메시지를 읽은 후 응답을 보낼 수 있다.

클라이언트 스트리밍 RPC를 이해하고자 OrderManagement 서비스를 추가로 확장
해보자. 주문 관리 서비스에 새로운 updateOrders 메서드를 추가해 여러 주문을
업데이트한다고 가정하자(그림 3-3). 주문 목록을 메시지 스트림으로 서버에 보내
면 요청 스트림을 처리한 후에 업데이트된 주문의 상태를 다시 메시지로 보낸다.

그림 3-3. 클라이언트 스트리밍 RPC

이제 코드 3-7과 같이 주문 관리 서비스의 서비스 정의에 updateOrders 메서드를 포함시킬 수 있다. updateOrders의 메서드 파라미터로 stream order를 사용해 updateOrders가 클라이언트의 입력으로 여러 메시지를 수신함을 표시한다. 서버 는 단일 응답만 보내는데, 반환값으로 하나의 문자열 메시지를 보낸다.

코드 3-7. 클라이언트 스트리밍 RPC 서비스 정의

```
syntax = "proto3";

import "google/protobuf/wrappers.proto";

package ecommerce;

service OrderManagement {
    ...
    rpc updateOrders(stream Order) returns (google.protobuf.StringValue);
    ...
}

message Order {
    string id = 1;
    repeated string items = 2;
    string description = 3;
    float price = 4;
```

```
    string destination = 5;
}
```

서비스 정의를 수정한 후 서버와 클라이언트 코드를 생성한다. 서버 측에서 Order Management 서비스의 UpdateOrders 메서드로 생성된 메서드 인터페이스를 구현해야 한다. 코드 3-8의 Go 구현에서 UpdateOrders에는 클라이언트에서 들어오는 메시지 스트림에 대한 참조 객체인 OrderManagement_UpdateOrdersServer 파라미터가 있고, Recv() 메서드를 호출해 스트림 객체에서 메시지를 읽을 수 있다.

비즈니스 로직에 따라 스트림이 끝날 때까지 몇 개의 메시지만 읽거나 모든 메시지를 읽을 수 있다. 서비스는 OrderManagement_UpdateOrdersServer 객체의 SendAndClose 메서드를 호출해 서버 메시지의 스트림 끝을 표시함으로써 응답을 보낸다. 서버가 클라이언트 스트림에서 읽기를 조기에 중지시키고자 한다면 클라이언트가 메시지 전송을 멈출 수 있도록 서버는 클라이언트 스트림을 취소해야 한다.

코드 3–8. updateOrders 메서드에 대한 OrderManagement 서비스의 Go 구현

```go
func (s *server) UpdateOrders(stream pb.OrderManagement_UpdateOrdersServer) error {

    ordersStr := "Updated Order IDs : "
    for {
        order, err := stream.Recv() ❶
        if err == io.EOF { ❷
            // 주문 스트림 읽기를 종료한다.
            return stream.SendAndClose(
                    &wrapper.StringValue{Value: "Orders processed "
                    + ordersStr})
        }
        // Update order
        orderMap[order.Id] = *order

        log.Printf("Order ID ", order.Id, ": Updated")
```

```
        ordersStr += order.Id + ", "
    }
}
```

❶ 클라이언트 스트림에서 메시지를 읽는다.

❷ 스트림 끝을 확인한다.

이제 클라이언트 스트리밍 RPC에 대한 클라이언트 구현을 살펴보자. 아래의 Go 언어 구현(코드 3-9)과 같이 클라이언트는 updateStream.Send 메서드를 사용해 클라이언트 측 스트림 참조를 통해 여러 메시지를 보낼 수 있다. 모든 메시지가 전송되면 클라이언트는 스트림의 끝을 표시하고 서비스에서 응답을 받는데, 스트림의 CloseAndRecv 메서드를 사용해 처리한다.

코드 3-9. updateOrders 메서드에 대한 OrderManagement 클라이언트의 Go 구현

```
// 서버와의 연결을 구성한다.
...
    client := pb.NewOrderManagementClient(conn)
...
updateStream, err := client.UpdateOrders(ctx) ❶

if err != nil { ❷
    log.Fatalf("%v.UpdateOrders(_) = _, %v", client, err)
}

// Updating order 1
if err := updateStream.Send(&updOrder1); err != nil { ❸
    log.Fatalf("%v.Send(%v) = %v",
            updateStream, updOrder1, err) ❹
}

// Updating order 2
if err := updateStream.Send(&updOrder2); err != nil {
```

```
        log.Fatalf("%v.Send(%v) = %v",
                updateStream, updOrder2, err)
    }

    // Updating order 3
    if err := updateStream.Send(&updOrder3); err != nil {
        log.Fatalf("%v.Send(%v) = %v",
                updateStream, updOrder3, err)
    }

    updateRes, err := updateStream.CloseAndRecv()  ❺
    if err != nil {
        log.Fatalf("%v.CloseAndRecv() got error %v, want %v",
                updateStream, err, nil)
    }
    log.Printf("Update Orders Res : %s", updateRes)
```

❶ UpdateOrders 원격 메서드를 호출한다.

❷ UpdateOrders에 대한 에러를 처리한다.

❸ 클라이언트 스트림을 통해 주문 업데이트를 전송한다.

❹ 메시지 스트림 전송에 대한 에러를 처리한다.

❺ 스트림을 종료하고 응답을 수신한다.

이와 같은 처리의 결과로 서비스의 응답 메시지를 받을 수 있다. 이제 서버 스트리밍과 클라이언트 스트리밍 RPC에 대해 잘 이해했으므로 이미 살펴본 RPC 스타일들의 조합인 양방향 스트리밍 RPC를 알아보자.

양방향 스트리밍 RPC

양방향 스트리밍 RPC^{bidirectional-streaming RPC}에서 클라이언트는 메시지 스트림으로 서버에 요청을 보내고, 서버는 메시지 스트림으로도 응답한다. 호출은 클라이언 트에서 시작하지만 그 후 통신은 gRPC 클라이언트와 서버의 애플리케이션 로직에 따라 완전히 다르다. 양방향 스트리밍 RPC를 자세히 이해하기 위한 예제를 살펴보자. 그림 3-4에 설명된 것처럼 **OrderManagement** 서비스에서 연속된 주문 세트(주문 스트림)를 전송하고 배송 위치를 기준으로 주문들을 결합한 발송^{shipments}으로 처리하는 주문 처리 기능이 필요하다고 가정한다(예, 주문은 배달 목적지에 따라 발송으로 구성됨).

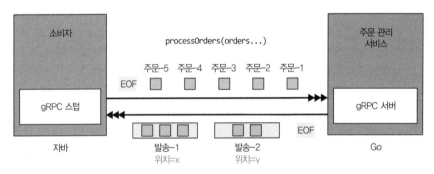

그림 3-4. 양방향 스트리밍 RPC

이 유스케이스를 구성하는 주요 단계는 다음과 같다.

- 클라이언트 애플리케이션은 서버와의 연결을 설정하고 호출에 대한 메타데이터(헤더)를 전송해 비즈니스 유스케이스를 시작한다.

- 연결 설정이 완료되면 클라이언트 애플리케이션은 처리해야 하는 연속된 주문 ID 세트를 **OrderManagement** 서비스에 보낸다.

- 각 주문 ID는 별도의 gRPC 메시지로 서버에 전송된다.

- 서비스는 지정된 주문 ID에 대한 각 주문을 처리하고 주문의 배달 위치에 따라 주문을 결합된 발송으로 구성한다.

- 결합된 발송에는 동일한 목적지로 전달돼야 하는 여러 주문이 포함될 수 있다.

- 주문은 배치 방식으로 처리되는데, 배치 크기에 도달하면 현재 생성된 모든 결합된 발송을 클라이언트에 다시 전송한다.

- 예를 들어 위치 X로 보내져야 할 2개의 주문과 위치 Y로 보내질 2개의 주문이 X, Y, X, Y 순서로 스트림되고, 배치 크기가 3이라고 하면 주문은 배송 [X, X], 배송 [Y], 배송 [Y]로 결합된다. 그리고 결합된 발송은 클라이언트 스트림으로 다시 전송된다.[1]

이 유스케이스의 중요한 아이디어는 일단 RPC 메서드가 호출되면 클라이언트나 서비스가 임의의 시간에 메시지를 보낼 수 있다는 것이다(참여하는 당사자 중 하나로부터 스트림의 끝이 표시될 수 있는 경우도 포함).

이제 이 사례에 대한 서비스 정의를 확인해보자. 코드 3-10과 같이 processOrders 메서드를 정의하는데, 메서드의 파라미터로 주문 ID에 대한 스트림을 받고 CombinedShipments의 스트림을 메서드의 반환값으로 사용한다. 이는 메서드 파라미터와 반환 타입을 모두 스트림으로 선언함으로써 양방향 스트리밍 RPC 메서드를 정의하는 것이다. 주문 목록을 포함하는 결합된 발송 메시지 타입도 서비스 정의에 선언돼 있다.

---

1. 배치 크기는 주문을 배송으로 묶고자 한 번에 처리되는 주문의 크기다. 따라서 X, Y, X 주문이 스트림된 시점에 배송 [X, X], 배송 [Y]로 처리되고, 나머지 Y 주문이 스트림된 시점에 배송 [Y]가 처리되는 것이다. 여기서 하나의 배송에 묶일 수 있는 크기가 아님에 유의하자. - 옮긴이

```
syntax = "proto3";

import "google/protobuf/wrappers.proto";

package ecommerce;

service OrderManagement {
    ...
    rpc processOrders(stream google.protobuf.StringValue)
        returns (stream CombinedShipment); ❶
}

message Order { ❷
    string id = 1;
    repeated string items = 2;
    string description = 3;
    float price = 4;
    string destination = 5;
}

message CombinedShipment { ❸
    string id = 1;
    string status = 2;
    repeated Order ordersList = 3;
}
```

❶ 메서드 파라미터와 반환 타입은 양방향 RPC에서 스트림으로 선언한다.

❷ Order 메시지 구조체다.

❸ CombinedShipment 메시지 구조체다.

이제 수정된 서비스 정의에서 서버 코드를 생성할 수 있으며 OrderManagement 서비스의 processOrders 메서드를 구현해야 한다. 코드 3-11과 같이 Go 구현에서 processOrders에는 OrderManagement_ProcessOrdersServer 파라미터를 가지며

이는 클라이언트와 서비스 사이의 메시지 스트림에 대한 참조 객체다. 이 스트림 객체를 사용해 서비스는 서버로 스트리밍되는 클라이언트의 메시지를 읽고 스트림 서버의 메시지를 클라이언트에 다시 쓸 수 있다. 해당 스트림 참조 객체를 사용해 수신 메시지 스트림을 Recv() 메서드를 통해 읽고, processOrders 메서드에서 서비스는 Send를 사용해 동일한 스트림에 쓰는 동안 수신 메시지 스트림을 계속 읽을 수 있다.

 설명을 단순화하고자 코드 3-10의 일부 로직은 표시하지 않았으며, 전체 코드는 이 책의 소스코드 저장소에서 찾을 수 있다.

코드 3-11. processOrders 메서드에 대한 OrderManagement 서비스의 Go 구현

```go
func (s *server) ProcessOrders(
        stream pb.OrderManagement_ProcessOrdersServer) error {
    ...
    for {
        orderId, err := stream.Recv() ❶
        if err == io.EOF { ❷
            ...
            for _, comb := range combinedShipmentMap {
                stream.Send(&comb) ❸
            }
            return nil ❹
        }
        if err != nil {
            return err
        }

        // 목적지를 기준으로 배송을 구성하는 로직
        ...
        //
```

```
        if batchMarker == orderBatchSize { ❺
            // 배치 방식으로 클라이언트에게 결합된 주문을 스트리밍한다.
            for _, comb := range combinedShipmentMap {
                // 결합된 배송을 클라이언트에게 전송한다.
                stream.Send(&comb) ❻
            }
            batchMarker = 0
            combinedShipmentMap = make(
                    map[string]pb.CombinedShipment)
        } else {
            batchMarker++
        }
    }
}
```

❶ 수신 스트림에서 주문 ID를 읽는다.

❷ 스트림 끝이 발견될 때까지 계속 읽는다.

❸ 스트림 끝이 발견되면 남아 있는 결합된 발송을 클라이언트에게 보낸다.

❹ 서버 측 스트림의 끝은 nil을 반환해 표시한다.

❺ 주문은 배치 방식으로 처리되는데, 배치 크기가 다 차면 현재까지 생성된 모든
   결합된 발송을 클라이언트에게 스트리밍한다.

❻ 스트림에 결합된 발송을 보낸다.

여기서는 ID를 기반으로 들어오는 주문을 처리하며, 새로운 결합된 발송이 생성
되면 서비스는 동일한 스트림에 이를 기록한다(SendAndClose를 사용해 스트림을 쓰
고 닫는 클라이언트 스트리밍 RPC와 다르다). 클라이언트의 스트림 끝이 발견될 때
nil을 반환함으로써 서버 측 스트림도 끝임을 표시한다.

클라이언트 측 코드 구현(코드 3-12)은 이전 코드와 매우 비슷하다. 클라이언트가

OrderManagement 클라이언트 객체의 **processOrders** 메서드를 호출할 때 서버로 메시지를 보내고 서버에서의 메시지를 읽는 데 사용되는 스트림(streamProcOrder)에 대한 참조를 가져온다.

코드 3-12. processOrders 메서드에 대한 OrderManagement 클라이언트의 Go 구현

```
// Process Order
streamProcOrder, _ := c.ProcessOrders(ctx) ❶
if err := streamProcOrder.Send(
        &wrapper.StringValue{Value:"102"}); err != nil { ❷
    log.Fatalf("%v.Send(%v) = %v", client, "102", err)
}

if err := streamProcOrder.Send(
        &wrapper.StringValue{Value:"103"}); err != nil {
    log.Fatalf("%v.Send(%v) = %v", client, "103", err)
}

if err := streamProcOrder.Send(
        &wrapper.StringValue{Value:"104"}); err != nil {
    log.Fatalf("%v.Send(%v) = %v", client, "104", err)
}

channel := make(chan struct{}) ❸
go asyncClientBidirectionalRPC(streamProcOrder, channel) ❹
time.Sleep(time.Millisecond * 1000) ❺

if err := streamProcOrder.Send(
        &wrapper.StringValue{Value:"101"}); err != nil {
    log.Fatalf("%v.Send(%v) = %v", client, "101", err)
}

if err := streamProcOrder.CloseSend(); err != nil { ❻
    log.Fatal(err)
}

<- channel
```

```
func asyncClientBidirectionalRPC(
        streamProcOrder pb.OrderManagement_ProcessOrdersClient,
        c chan struct{}) {
    for {
        combinedShipment, errProcOrder := streamProcOrder.Recv() ❼
        if errProcOrder == io.EOF { ❽
            break
        }
        log.Printf("Combined shipment : ", combinedShipment.OrdersList)
    }
    close(c)
}
```

❶ 원격 메서드를 호출해 클라이언트에서 읽고 쓰기 위한 스트림 참조를 얻는다.

❷ 서비스에 메시지를 전송한다.

❸ 고루틴^{Goroutines}에 사용할 채널을 만든다.

❹ 서비스에서 병렬로 메시지를 읽고자 고루틴을 사용해 함수를 호출한다.

❺ 일부 메시지를 서비스로 보낼 때 가상으로 지연시킨다.

❻ 클라이언트 스트림(주문 ID)의 끝을 처리한다.

❼ 서비스 메시지를 클라이언트에서 읽는다.

❽ 스트림의 끝을 확인한다.

클라이언트는 서비스에 메시지를 보내고 임의의 시간에 스트림을 닫을 수 있는
데, 읽을 때도 동일하다. 위 예제에서 Go 언어의 고루틴을 사용해 클라이언트 메
시지 쓰기와 메시지 읽기 로직을 두 개의 동시 스레드로 실행한다.

고루틴

Go에서 고루틴은 다른 함수나 메서드와 동시에 실행되는 함수나 메서드로, 경량(lightweight) 스레드라고 생각할 수 있다.

따라서 클라이언트는 동일한 스트림을 동시에 읽고 쓸 수 있으며 수신 스트림과 발신 스트림 모두 독립적으로 동작한다. 이는 양방향 RPC의 능력을 보여주는 다소 복잡한 사례며, 클라이언트와 서버는 순서에 상관없이 읽고 쓸 수 있다는 점을 이해하는 것이 중요하다. 즉, 스트림은 완전히 독립적으로 작동하는 것이다. 따라서 초기 연결이 설정되면 클라이언트와 서비스 간의 통신 패턴을 결정하는 것은 전적으로 클라이언트와 서비스의 책임이다.

지금까지 gRPC 기반 애플리케이션과의 상호 연계를 구성하는 데 사용할 수 있는 모든 통신 패턴을 다뤘다. 통신 패턴을 선택할 때 적용할 수 있는 엄격한 규칙은 없지만, 항상 비즈니스적인 사례를 분석한 후 가장 적합한 패턴을 선택해야 한다.

gRPC 통신 패턴의 설명을 마치기 전에 마이크로서비스 통신에 gRPC가 어떻게 사용되는지 살펴보는 것도 중요하다.

마이크로서비스 통신을 위한 gRPC

gRPC의 주요 활용 중 하나는 마이크로서비스와 이들 서비스 간 통신을 구현하는 것이다. 마이크로서비스에서 서비스 간 통신에서 gRPC는 다른 통신 프로토콜과 함께 사용되며, 일반적으로 gRPC 서비스는 폴리글랏 서비스(다른 프로그래밍 언어로 개발)로 구현된다. 이를 좀 더 이해하고자 지금까지 다룬 온라인 판매 시스템의 확장 버전에 대한 실제 시나리오(그림 3-5)를 살펴보자.

이 시나리오에는 여러 마이크로서비스가 온라인 판매 시스템의 특정 비즈니스 기능을 제공한다. gRPC로 구현된 **Product** 서비스와 같은 서비스도 있고 특정 비즈니스 기능을 위해 여러 다운 스트림 서비스를 호출하는 **Catalog** 서비스와 같은 복합 서비스도 있다. 1장에서 살펴본 것처럼 대부분의 동기식 메시지 전달 시나리오에는 gRPC를 사용할 수 있다. 영속적 메시징이 필요한 특정 비동기 메시징 시나리오인 경우 카프카[Kafka](https://kafka.apache.org), 액티브MQ[Active MQ](https://activemq.apache.org), 래빗MQ[RabbitMQ](https://www.rabbitmq.com), NATS(http://nats.io) 등과 같은 이벤트 브로커나 메시지 브로커를 사용할 수 있다. 특정 비즈니스 기능을 외부에 제공해야 하는 경우 기존 REST/OpenAPI 기반 서비스나 그래프QL 서비스를 사용하기도 한다. **Catalog**와 **Checkout** 같은 서비스는 gRPC 기반 백엔드 서비스를 사용하고, RESTful이나 그래프QL 기반 외부 인터페이스를 노출하는 것이다.

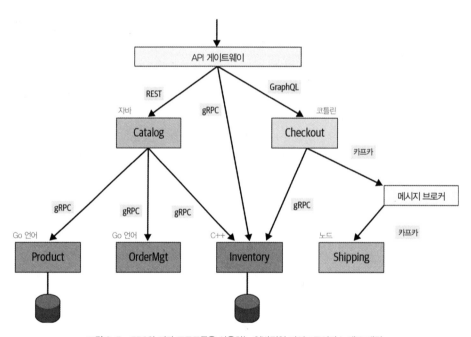

그림 3-5. gRPC와 기타 프로토콜을 사용하는 일반적인 마이크로서비스 배포 패턴

대부분의 실제 사례에서는 이와 같은 외부 서비스들은 API 게이트웨이[Gateway]를 통

108

해 노출된다. 보안, 요청 조절[throttling], 버전 관리 등과 같은 다양한 비기능적 처리가 적용되는 부분이며, 이런 API는 대부분 REST나 그래프QL과 같은 프로토콜을 사용한다. 흔하지 않지만 API 게이트웨이가 gRPC 인터페이스 노출을 지원하는 경우에는 gRPC를 외부 서비스로 직접 노출할 수도 있다. API 게이트웨이는 인증, 로깅, 버전 관리, 요청 조절, 로드밸런싱[load balancing]과 같은 횡단 관심 기능을 제공하는데, gRPC API와 함께 API 게이트웨이를 사용하면 이 기능을 핵심 gRPC 서비스의 외부로 배포할 수 있다. 이 아키텍처의 또 다른 중요한 측면 중 하나는 여러 프로그래밍 언어를 활용하면서 동일한 서비스 계약을 공유할 수 있다는 것이다(즉, 동일한 gRPC 서비스 정의에서 코드를 생성). 이를 바탕으로 서비스의 비즈니스 요건을 기반으로 적절한 구현 기술을 선택할 수 있다.

요약

gRPC는 gRPC 기반 애플리케이션 사이에서 프로세스 간 통신을 구축하기 위한 다양한 RPC 통신 스타일을 제공한다. 3장에서는 4가지 주요 통신 패턴을 살펴봤다. 단순 RPC 방식이 가장 기본으로, 단순한 요청-응답 스타일의 원격 프로시저 호출이다. 서버 스트리밍 RPC는 원격 메서드를 처음 호출한 후 서비스에서 소비자에게 여러 메시지를 보낼 수 있으며, 클라이언트 스트리밍은 클라이언트에서 서비스로 여러 메시지를 보낼 수 있다. 그리고 실제 사례를 통해 각 패턴을 어떻게 구현하는지 자세히 살펴봤다.

3장에서 얻은 지식은 gRPC 사례를 구현하는 데 매우 유용하며 비즈니스에 가장 적합한 통신 패턴을 선택할 수 있게 도와준다. 또한 gRPC 통신 패턴에 대한 훌륭한 이해를 제공하지만, 3장에서는 자세한 저수준 통신의 세부 사항을 다루진 않았다. 4장에서는 gRPC 기반 프로세스 간 통신이 이뤄질 때에 저수준 통신이 어떻게 이뤄지는지 심도 있게 살펴본다.

gRPC: 동작 원리

3장에서 배운 것처럼 gRPC 애플리케이션은 네트워크를 통해 RPC를 사용해 통신한다. gRPC 애플리케이션 개발자는 RPC 구현 방법, 사용되는 메시지 인코딩 기술과 RPC가 네트워크에서 작동하는 방식의 세부적인 처리를 알 필요는 없다. 서비스 정의를 사용해 원하는 언어로 서버나 클라이언트 코드를 생성하기만 하면 된다. 모든 저수준 통신 처리는 생성된 코드로 구현되며 상위 수준의 추상화를 통해 작업한다. 그러나 복잡한 gRPC 기반 시스템을 구축하고 실 서비스 환경에서 운영할 때 gRPC가 어떻게 작동하는지 아는 것도 중요하다.

4장에서는 gRPC 통신 흐름이 구현되는 방법, 사용되는 인코딩 기술, gRPC가 네트워크 통신 기술을 사용하는 방법 등을 살펴본다. 클라이언트가 RPC를 호출할 때의 메시지 흐름을 살펴보고, 네트워크를 통해 gRPC 호출로 마샬링되는 방법, 네트워크 통신 프로토콜이 사용되는 방법, 서버에서 언마샬링되는 방법, 해당 서비스와 원격 함수가 호출되는 방법 등을 살펴본다.

프로토콜 버퍼를 인코딩 기술로 사용하고 HTTP/2를 gRPC의 통신 프로토콜로 사용하는 방법도 알아본다. 그리고 마지막으로 gRPC의 구현 아키텍처와 관련된 언어 지원 스택language support stack을 살펴본다. 여기서 다루는 저수준 세부 사항은 대부분의 gRPC 애플리케이션에서 많이 사용되지 않을 수 있지만 복잡한 gRPC 애플리케이션을 설계하거나 기존 애플리케이션을 디버깅하는 경우 저수준의 통신 처리를 잘 이해하는 것은 매우 유용하다.

RPC 흐름

RPC 시스템에서 서버는 원격으로 호출되는 일련의 기능을 구현한다. 클라이언트 애플리케이션은 서버에서 제공하는 동일한 함수에 대해 추상화를 제공하는 스텁을 생성해 클라이언트 애플리케이션이 서버 애플리케이션의 원격 함수를 호출하는 스텁 함수를 직접 호출한다.

네트워크에서 원격 프로시저 호출이 작동하는 방식을 이해하고자 2장에서 다룬 ProductInfo 서비스를 살펴보자. ProductInfo 서비스의 함수 중 하나는 클라이언트가 제품 ID를 제공해 제품 세부 사항을 조회하는 getProduct다. 그림 4-1은 클라이언트가 원격 기능을 호출할 때 관련된 처리를 보여준다.

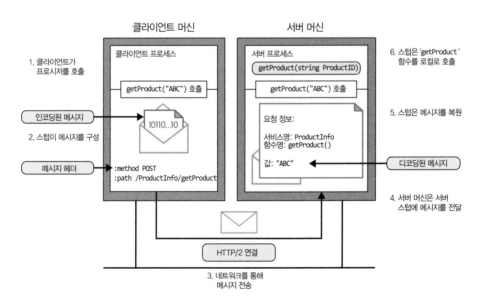

그림 4-1. 네트워크를 통한 원격 프로시저 호출 처리 방법

그림 4-1과 같이 클라이언트가 생성된 스텁에 있는 **getProduct** 함수를 호출할 때 다음과 같은 주요 단계를 거친다.

❶ 클라이언트 프로세스는 생성된 스텁에 있는 **getProduct** 함수를 호출한다.

❷ 클라이언트 스텁은 인코딩 메시지로 HTTP POST 요청을 생성한다. gRPC 에서는 모든 요청이 **application/grpc** 접두어가 붙는 콘텐츠 타입^{content-type}을 가진 HTTP POST 요청이다. 호출하는 원격 함수(/ProductInfo/getProduct) 는 별도의 HTTP 헤더로 전송된다.

❸ HTTP 요청 메시지는 네트워크를 통해 서버 머신으로 전송된다.

❹ 서버에 메시지가 수신되면 서버는 메시지 헤더를 검사해 어떤 서비스 함 수를 호출해야 하는지 확인하고 메시지를 서비스 스텁에 넘긴다.

❺ 서비스 스텁은 메시지 바이트를 언어별 데이터 구조로 파싱한다.

❻ 그런 다음 파싱된 메시지를 사용해 서비스는 **getProduct** 함수를 로컬로 호출한다.

❼ 서비스 함수의 응답이 인코딩돼 클라이언트로 다시 전송된다. 응답 메시 지는 클라이언트에서와 동일한 절차를 따른다(응답 → 인코딩 → HTTP 응답). 메시지가 복원돼 해당 값이 대기 중인 클라이언트 프로세스로 반환된다.

이런 절차는 CORBA, 자바 RMI 등과 같은 대부분의 RPC 시스템과 매우 유사하다. gRPC의 주요 차이점은 그림 4-1에서 봤던 메시지를 인코딩하는 방식인데, 메시지 인코딩을 위해 gRPC는 프로토콜 버퍼를 사용한다. 프로토콜 버퍼(https://oreil.ly/ u9YJI)는 구조화된 데이터를 직렬화하기 위한 언어에 구애 받지 않고 플랫폼 중립 적이며 확장 가능한 메커니즘을 갖는다.

그러면 gRPC가 프로토콜 버퍼를 사용해 메시지를 인코딩하는 방법을 알아보자.

프로토콜 버퍼를 사용한 메시지 인코딩

3장에서 설명한 것처럼 gRPC는 프로토콜 버퍼를 사용해 gRPC 서비스의 서비스 정의를 작성한다. 프로토콜 버퍼의 서비스 정의는 원격 메서드 정의와 네트워크를 통해 보내려는 메시지 정의를 포함한다. 예를 들어 ProductInfo 서비스에서 getProduct 메서드를 보면 getProduct 메서드는 ProductID 메시지를 입력 파라미터로 갖고 Product 메시지를 반환한다. 코드 4-1과 같이 프로토콜 버퍼를 사용해 이러한 입력과 출력 메시지 구조를 정의한다.

코드 4-1. getProduct 함수에 대한 ProductInfo 서비스의 정의

```proto
syntax = "proto3";

package ecommerce;

service ProductInfo {
    rpc getProduct(ProductID) returns (Product);
}

message Product {
    string id = 1;
    string name = 2;
    string description = 3;
    float price = 4;
}

message ProductID {
    string value = 1;
}
```

코드 4-1에서 ProductID 메시지에는 고유한 제품 ID가 있는데, 문자열 유형 필드하나만으로 구성된다. Product 메시지에는 제품을 나타내는 데 필요한 자료 구조가 있다. 그리고 메시지를 정의하는 방법에 따라 메시지 인코딩 방식이 결정되므로 메시지를 올바르게 정의하는 것이 중요하다. 이 절의 뒷부분에서 메시지를 인

코딩할 때 메시지 정의를 사용하는 방법을 설명한다.

이제 메시지 정의를 작성했으므로 메시지를 인코딩하고 바이트로 변환하는 방법을 알아보자. 일반적으로 변환은 메시지 정의에 따라 생성된 소스코드에 의해 처리된다. 지원되는 모든 언어 기능에는 소스코드를 생성하기 위한 자체 컴파일러를 가지며, 애플리케이션 개발자는 메시지 정의를 전달함으로써 메시지를 읽고 쓰는 소스코드를 생성해 사용한다.

제품 ID가 15인 제품의 상세 정보가 필요하다고 가정해보자. 값이 15인 메시지 객체를 만들어 getProduct 함수에 전달한다. 아래의 코드는 값이 15인 ProductID 메시지를 생성하고 getProduct 함수에 전달해 제품 세부 정보를 조회하는 방법을 보여준다.

```
product, err := c.GetProduct(ctx, &pb.ProductID{Value: "15"})
```

이 코드는 Go로 작성됐고, 여기서의 ProductID 메시지 정의는 생성된 소스코드에 포함돼 있다. 그리고 코드에서 ProductID의 인스턴스를 만들고 값을 15로 설정한다. 자바에서도 비슷하게 다음 코드와 같이 생성된 메서드를 사용해 ProductID 인스턴스를 생성한다.

```
ProductInfoOuterClass.Product product = stub.getProduct(
        ProductInfoOuterClass.ProductID.newBuilder()
                .setValue("15").build());
```

다음과 같은 ProductID 메시지 구조에는 필드 인덱스 1과 함께 value라는 하나의 필드가 있다. 값이 15인 메시지 인스턴스를 만들면 이에 해당되는 바이트는 값 필드의 필드 식별자와 인코딩된 값으로 구성되는데, 이 필드 식별자는 태그[tag]라고도 한다.

```
message ProductID {
    string value = 1;
}
```

이 바이트 구성은 그림 4-2와 같으며 각 메시지 필드는 필드 식별자와 인코딩된 값으로 구성된다.

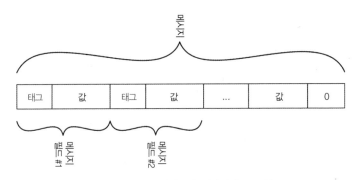

그림 4-2. 프로토콜 버퍼로 인코딩된 바이트 스트림

이 태그들은 필드 인덱스와 와이어 타입^{wire type}의 두 가지 값으로 구성된다. 필드 인덱스는 프로토 파일에서 메시지를 정의할 때 각 메시지 필드에 할당된 고유 번호다. 와이어 타입은 필드가 가질 수 있는 데이터 타입인 필드 타입을 기반으로 하는데, 값의 길이를 찾기 위한 정보를 제공한다. 표 4-1은 와이어 타입에 매핑되는 필드 타입을 나타내는데, 사전에 정의된 와이어와 필드 타입에 대한 매핑이다. 매핑의 자세한 정보는 공식 프로토콜 버퍼 인코딩 문서(https://oreil.ly/xeLBr)에서 확인할 수 있다.

표 4-1. 사용 가능한 와이어 타입 및 해당 필드 타입

와이어 타입	종류	필드 타입
0	가변 길이 정수(Varint)	int32, int64, uint32, uint64, sint32, sint64, bool, enum
1	64비트	fixed64, sfixed64, double
2	길이 구분 (Length-delimited)	string, bytes, embedded messages, packed repeated fields
3	시작 그룹(Start group)	groups(사용 중단)
4	종료 그룹(End group)	groups(사용 중단)
5	32비트	fixed32, sfixed32, float

특정 필드의 필드 인덱스와 와이어 타입을 알면 다음 식을 사용해 필드의 태그 값을 결정할 수 있는데, 필드 인덱스의 바이너리 표현을 세 자리만큼 왼쪽으로 시프트[shift]하고 와이어 타입의 바이너리 값과 비트 OR 연산[bitwise union]을 하면 된다.

```
Tag value = (field_index << 3) | wire_type
```

그림 4-3은 필드 인덱스와 와이어 타입이 태그 값으로 배치되는 방법을 보여준다.

그림 4-3. 태그 값 구조

앞에서 사용한 예제를 통해 용어를 이해해보자. ProductID 메시지에는 필드 인덱스가 1인 문자열 필드가 하나 있고 이 와이어 타입은 2다. 바이너리 형식으로 표현하면 필드 인덱스는 00000001이고 와이어 타입은 00000010과 같다. 이 값을 위의

식에 대입해 보면 태그 값 10은 다음과 같이 구해진다.

```
Tag value = (00000001 << 3) | 00000010
          = 0000 1010
```

다음 단계는 메시지 필드의 값을 인코딩하는 것이다. 프로토콜 버퍼는 여러 데이터 타입에 따라 다른 인코딩 기술을 사용해 데이터를 인코딩한다. 예를 들어 문자열 값인 경우 프로토콜 버퍼는 UTF-8을 사용해 값을 인코딩하고, int32 필드 타입인 정수 값은 가변 길이 정수^{varints}라는 인코딩 기술을 사용한다. 여러 인코딩 기술과 이에 대한 적용은 다음 절에서 살펴보고, 지금은 문자열 값의 인코딩 방법을 알아보자.

프로토콜 버퍼 인코딩에서 문자열 값은 UTF-8 인코딩 기술을 사용해 인코딩한다. 이 UTF$^{Unicode Transformation Format}$는 8비트 블록을 사용해 문자를 표현하는데, 이 가변 길이 문자 인코딩 기술은 웹 페이지와 이메일에서 사용되는 인코딩 기술이기도 하다. 지금 예제에서 ProductID 메시지의 value 필드 값은 15이고 UTF-8 인코딩 값 15는 \x31 \x35다. UTF-8 인코딩에서 인코딩된 값의 길이는 고정되지 않는다. 다시 말해 인코딩된 값을 나타내는 데 필요한 8비트 블록의 수는 고정돼 있지 않고, 메시지 필드의 값에 따라 다르다. 이 예제에서는 두 블록으로 구성되는데, 인코딩된 값 앞에 인코딩된 값의 길이(인코딩된 값 전체의 블록 수)를 지정해야 한다. 최종적으로 인코딩된 값 15의 16진수 표현은 다음과 같다.

```
A 02 31 35
```

여기서 두개의 오른쪽 바이트는 UTF-8로 인코딩된 값 15이고, 값 0x02는 인코딩된 문자열 값의 길이를 8비트 블록으로 나타낸다.[1]

---

1. 맨 처음 A는 앞서 알아본 필드 인덱스와 와이어 타입에 대해 계산된 값이다. - 옮긴이

메시지가 인코딩되면 해당 태그와 값이 바이트 스트림으로 연결된다. 그림 4-2는 메시지에 여러 필드가 있을 때 필드 값이 바이트 스트림으로 배치되는 방법을 보여주며, 스트림의 끝은 0이라는 태그 값을 전송해 표시한다.

지금까지 프로토콜 버퍼를 사용해 문자열 필드로 간단한 메시지 인코딩을 완료했다. 프로토콜 버퍼는 다양한 필드 타입을 지원하며 일부 필드 타입에는 다른 인코딩 메커니즘을 갖는다. 프로토콜 버퍼에 사용되는 인코딩 기술을 간단히 살펴보자.

인코딩 기술

프로토콜 버퍼에는 많은 인코딩 기술이 지원되고, 데이터 타입에 따라 다양한 인코딩 기술이 적용된다. 예를 들어 문자열 값은 UTF-8 문자 인코딩을 사용해 인코딩되고, int32 값은 가변 길이 정수라는 기술을 사용해 인코딩된다. 메시지 정의를 설계할 때 각 데이터 유형에서 데이터가 인코딩되는 방법의 지식은 중요하다. 이는 메시지가 런타임에 효율적으로 인코딩되도록 각 메시지 필드에 가장 적합한 데이터 타입을 설정할 수 있기 때문이다.

프로토콜 버퍼에서 지원되는 필드 타입은 여러 그룹으로 분류되며, 각 그룹은 다른 기술을 사용해 값을 인코딩한다. 다음 절에서 프로토콜 버퍼에서 일반적으로 사용되는 몇 가지 인코딩 기술을 살펴보자.

가변 길이 정수

가변 길이 정수^{Varint, Variable length integers}는 하나 이상의 바이트를 사용해 정수를 직렬화하는 방법으로, 대부분의 숫자가 균등하게 분포돼 있지 않다는 아이디어를 기반으로 한다. 따라서 각 값에 할당된 바이트 수는 고정돼 있지 않고 값에 따라 다르다. 표 4-1에 정리된 것처럼 int32, int64, uint32, uint64, sint32, sint64, bool, enum과 같은 필드 타입이 가변 길이 정수로 구분되고 이 방식으로 인코딩된다.

표 4-2는 가변 길이 정수로 분류되는 필드 타입과 각 타입이 사용되는 항목을 보여준다.

표 4-2. 필드 타입 정의

필드 타입	정의
int32	음수 2,147,483,648에서 양수 2,147,483,647 범위의 값으로 부호 있는 정수를 나타내는 값 타입이다. 이 타입은 음수를 인코딩하는 데 비효율적이다.
int64	음수 9,223,372,036,854,775,808에서 양수 9,223,372,036,854,775,807 범위의 값으로 부호 있는 정수를 나타내는 값 타입이다. 이 타입은 음수를 인코딩하는 데 비효율적이다.
uint32	0에서 4,294,967,295 범위의 값으로 부호 없는 정수를 나타내는 값 타입이다.
uint64	0에서 18,446,744,073,709,551,615 범위의 값으로 부호 없는 정수를 나타내는 값 타입이다.
sint32	음수 2,147,483,648에서 양수 2,147,483,647 범위의 값으로 부호 있는 정수를 나타내는 값 타입이다. 이 타입은 일반 int32보다 음수를 더 효율적으로 인코딩한다.
sint64	음수 9,223,372,036,854,775,808에서 양수 9,223,372,036,854,775,807 범위의 값으로 부호 있는 정수를 나타내는 값 타입이다. 이 타입은 일반 int64보다 음수를 더 효율적으로 인코딩한다.
bool	일반적으로 true나 false로 표시되는 두 가지 가능한 값을 나타내는 값 타입이다.
enum	이름이 있는 값의 집합을 나타내는 값 타입이다.

가변 길이 정수에서는 마지막 바이트를 제외한 각 바이트에 앞으로 더 많은 바이트가 있음을 나타내고자 최상위 비트^{MSB, Most Significant Bit}가 1이 된다. 각 바이트의 하위 7비트는 해당 수에 대한 2의 보수^{two's complement} 표현으로 저장되며, 최하위 비트^{least significant bit}가 먼저 나오기 때문에 하위 그룹^{low-order group}에 연속 비트^{continuation bit}를 추가해야 한다.

옮긴이의 메모

원서의 설명이 너무 간단하기 때문에 부연 설명이 필요하다. 300을 가변 길이 정수로 전송하는 예를 확인해보자. 다음 2개 바이트를 전송한다고 가정하자.

```
1010 1100  0000 0010
```

첫 번째 바이트의 최상위 비트가 1이기 때문에 다음 바이트까지 하나의 정수가 저장되고, 하위 7비트만을 사용하기 때문에 다음과 같이 변경된다.

```
1010 1100  0000 0010 --> 010 1100  000 0010
```

그리고 최하위 그룹이 먼저 나왔다는 것은 바이트(여기서 그룹은 바이트 단위를 뜻한다)를 기준으로 뒤에 있는 바이트가 수의 앞부분(큰 수 부분)을 나타낸다는 것으로, 2개의 바이트 순서를 다음과 같이 변경한다.

```
010 1100  000 0010 --> 000 0010  010 1100
```

이제 10진수로 변경하면 다음과 같이 계산된다.

```
256 + 32 + 8 + 4 = 300
```

최하위 그룹이 먼저 나오는 방식은 스트림 방식으로, 바이트를 전송할 때 계산이 쉽다는 장점이 있다. 위의 예를 다시 생각해보면 수신되는 바이트의 최상위 비트를 먼저 확인해 계속적으로 계산을 처리할 수 있다.

부호 있는 정수

부호 있는 정수$^{signed\ integer}$는 양수와 음수를 모두 갖는 타입으로 sint32와 sint64 같은 필드 타입이 부호 있는 정수로 간주된다. 부호 있는 타입의 경우 지그재그^{zigzag} 인코딩이 부호 있는 정수를 부호 없는 정수로 변환하는 데 사용되며, 변환한 다음에는 부호 없는 정수는 앞서 언급한 가변 길이 정수 인코딩 방법을 사용해 인코딩된다.

지그재그 인코딩에서 부호 있는 정수는 음과 양의 정수를 지그재그 방식으로 부호 없는 정수로 매핑시킨다. 표 4-3은 이 지그재그 인코딩에서 매핑이 작동하는 방식을 보여준다.

표 4-3. 부호 있는 정수에 사용되는 지그재그 인코딩

원래 값	매핑된 값
0	0
−1	1
1	2
−2	3
2	4

표 4-3를 보면 값 0은 원래 값 0에 매핑되고 다른 값은 지그재그 방식으로 양수에 매핑된다. 원래 음의 값은 홀수 양수로 매핑되고, 원래 양의 값은 짝수 양으로 매핑된다. 지그재그 인코딩 후에는 원래 값의 부호에 관계없이 양수로 매핑되는데, 얻어진 양수는 가변 길이 정수로 인코딩한다.

int32나 int64와 같은 일반 타입을 사용하는 경우 음수는 가변 길이 인코딩을 사용해 바이너리로 변환되기 때문에 음의 정수는 sint32나 sint64와 같은 부호 있는 정수 타입을 사용하는 것이 좋다. 음의 정수에 대한 가변 길이 정수 인코딩은 양의 정수보다 같은 바이너리 값을 나타내고자 더 많은 바이트가 필요하다. 따라서 음수 값을 인코딩하는 효율적인 방법은 음수 값을 양수로 변환한 다음 양수 값을 인코딩하는 것이다 sint32와 같은 부호 있는 정수 타입에서 음수 값은 먼저 지그재그 인코딩을 사용해 양수로 변환한 다음 가변 길이 정수를 사용해 인코딩한다.[2]

---

2. 일반 타입의 음의 정수는 정해진 바이트의 맨 앞 비트가 1이 되기 때문에 크기와 상관없이 전체 바이트를 모두 사용해야 한다. 이런 의미로 위와 같이 지그재그 인코딩을 통해 변환을 하면 더 적은 바이트를 사용하게 되는 것이다. – 옮긴이

비가변 길이 정수 숫자

비가변 길이 정수^{nonvarint} 타입은 가변 길이 정수 타입과 반대다. 실제 값에 관계없이 고정된 바이트 수를 할당한다. 프로토콜 버퍼는 비가변 길이 정수로 분류되는 두 가지 와이어 타입을 사용한다. 하나는 `fixed64`, `sfixed64`, `double`과 같은 64비트 데이터 타입과 `fixed32`, `sfixed32`, `float`와 같은 32비트 데이터 타입이다.

문자열 타입

프로토콜 버퍼에서 문자열 타입은 길이로 구분^{length-delimited}된 와이어 타입에 속한다. 즉, 지정된 바이트 수의 데이터가 뒤따르는 가변 길이 정수 인코딩 크기를 갖는다. 문자열은 UTF-8 문자 인코딩을 사용해 인코딩된다.

지금까지 일반적으로 사용되는 데이터 형식을 인코딩에 사용되는 기술로 정리했다. 프로토콜 버퍼 인코딩의 자세한 설명은 공식 페이지(https://oreil.ly/hH_gL)에서 확인할 수 있다.

프로토콜 버퍼를 사용해 메시지를 인코딩한 다음 단계는 네트워크를 통해 서버로 메시지를 전송하기 전에 메시지 프레임을 만드는 것이다.

길이-접두사 지정 메시지 프레이밍

일반적인 용어로 메시지 프레이밍^{message-framing} 방식은 의도한 대상이 정보를 쉽게 추출할 수 있도록 관련 정보와 커뮤니케이션을 구성하는 것으로, gRPC 통신에도 적용된다. 상대방에게 전송할 인코딩 데이터가 있으면 당사자가 쉽게 정보를 추출할 수 있는 방식으로 데이터를 패키징해야 한다. gRPC에서는 네트워크를 통해 전송할 메시지를 패키지화하고자 길이-접두사 지정^{length-prefix} 프레이밍이라는 메시지 프레이밍 기술을 사용한다.

길이-접두사 지정 방식은 메시지 자체를 전송하기 전에 각 메시지의 크기를 기록하는 메시지 프레이밍 방식이다. 그림 4-4에서 볼 수 있듯이 인코딩된 바이너리 메시지 앞에 메시지 크기를 지정하고자 4바이트가 할당되며, gRPC 통신에서도 각 메시지마다 크기를 설정하고자 4바이트가 추가로 할당된다. 메시지 크기는 유한하며, 메시지 크기를 나타내고자 4바이트를 할당하기에 gRPC 통신은 최대 4GB 크기의 모든 메시지를 처리할 수 있다.

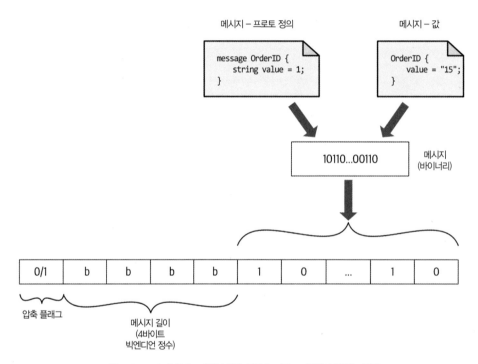

그림 4-4. gRPC 메시지 프레임이 길이-접두사 지정 프레임을 사용하는 방법

그림 4-4와 같이 프로토콜 버퍼를 사용해 메시지를 인코딩할 때 메시지를 바이너리 형식으로 변환한 다음 바이너리 데이터의 크기를 계산해 빅엔디언 형식으로 바이너리 데이터 앞에 추가한다.

빅엔디언(Big-endian)은 시스템이나 메시지에서 바이너리 데이터 순서를 지정하는 방법이다. 빅엔디언 형식에서는 순서상 가장 큰 값(2의 최대 거듭제곱)이 가장 낮은 메모리 주소[3]에 저장된다.

옮긴이의 메모

엔디언(Endianness)은 바이트를 배열하는 방법을 뜻하며, 빅엔디언은 큰 단위가 먼저 나오는 방식이고 리틀엔디언(Little-Endian)은 반대로 작은 단위가 먼저 나오는 방식이다. 예를 들어 0x1234를 빅엔디언은 0x12 0x34순으로 표현하고 리틀엔디언은 0x34 0x12순으로 표현한다.

참고로 가변 길이 정수는 최하위 비트가 먼저 나오기 때문에 리틀엔디언 방식에 가깝다(정확히는 7비트를 사용하고 최상위 비트에 특별한 의미로 사용하기에 리틀엔디언은 아니다).

메시지 크기 외에도 프레임에는 데이터의 압축 여부를 나타내는 1바이트 부호 없는 정수가 있다. 압축 플래그$^{Compressed-Flag}$ 값이 1인 경우는 HTTP 전송^{transport}에서 선언된 헤더 중 하나인 메시지 인코딩$^{Message-Encoding}$ 헤더에 선언된 메커니즘을 사용해 바이너리 데이터가 압축됐음을 나타낸다. 값 0은 메시지 바이트 인코딩이 발생하지 않았음을 나타낸다. 다음 절에서는 gRPC 통신에서 지원되는 HTTP 헤더를 자세히 알아본다.

이제 메시지의 프레임이 구성됐고 네트워크를 통해 수신자에게 보낼 준비가 됐다. 클라이언트 요청 메시지의 경우 수신자는 서버며, 응답 메시지의 경우 수신자는 클라이언트가 된다. 수신 측에서 메시지를 받으면 먼저 첫 번째 바이트를 읽어 메시지의 압축 여부를 확인해야 한다. 그런 다음 수신자는 다음 4바이트를 읽어 인코딩된 바이너리 메시지의 크기를 얻는다. 크기를 알면 스트림에서 정확한 바이트 길이를 읽을 수 있다. 단순/단일 메시지의 경우 하나의 길이-접두사 지정 메시지를 갖고 스트리밍 메시지의 경우 여러 개의 길이-접두사 지정 메시지를 갖는다.

---

3. 배열로 표현되면 앞에 있는 메모리 주소 - 옮긴이

지금까지 네트워크를 통해 수신자에게 메시지를 보내기 위한 준비 과정을 알아봤다. 다음 절에서는 gRPC가 네트워크를 통해 길이-접두사 지정 메시지를 보내는 방법을 알아본다. 현재 gRPC 코어는 HTTP/2, Cronet(https://oreil.ly/D0laq), 인프로세스In-process(https://oreil.ly/lRgXF)라는 세 가지 전송 구현을 지원한다. 이들 중 가장 일반적인 메시지 전송 방법은 HTTP/2며, gRPC가 HTTP/2 네트워크를 통해 메시지를 효율적으로 전송하는 방법을 알아보자.

HTTP/2를 통한 gRPC

HTTP/2는 인터넷 프로토콜 HTTP의 두 번째 메이저 버전으로, 이전 버전(HTTP/1.1)의 보안, 속도 등과 관련된 문제를 개선하고자 도입됐다. HTTP/2는 HTTP/1.1의 모든 핵심 기능을 좀 더 효율적으로 지원하기에 HTTP/2로 작성된 애플리케이션은 더 빠르고 간단하며 강력하다.

gRPC는 HTTP/2를 전송 프로토콜로 사용해 네트워크를 통해 메시지를 보내는데, gRPC가 고성능 RPC 프레임워크인 이유 중 하나다. gRPC와 HTTP/2의 관계를 살펴보자.

HTTP/2에서 클라이언트와 서버 간의 모든 통신은 단일 TCP 연결을 통해 처리되며, 이는 임의의 크기의 양방향 바이트 흐름을 전달할 수 있다. HTTP/2 프로세스를 이해하려면 다음과 같은 중요한 용어에 익숙해야 한다.[4]

- **스트림**: 설정된 연결에서의 양방향 바이트 흐름이며, 스트림은 하나 이상의 메시지를 전달할 수 있다.
- **프레임**: HTTP/2에서 가장 작은 통신 단위로, 각 프레임에는 프레임 헤더가 포함돼 있으며 헤더를 통해 프레임이 속한 스트림을 식별된다.
- **메시지**: 하나 이상의 프레임으로 구성된 논리적 HTTP 메시지에 매핑되는 온전한 프레임 시퀀스다. 이는 클라이언트와 서버가 메시지를 독립 프레임으로 분류하고 인터리브(interleave)한 후 다른 쪽에서 다시 조립할 수 있는 메시지 멀티플렉스(multiplexed)를 지원한다.

---

4. 설명 순서와는 달리 구성 순서는 작은 단위로부터 프레임 → 메시지 → 스트림이 된다. – 옮긴이

그림 4-5에서 확인할 수 있듯이 gRPC 채널은 HTTP/2 연결인 엔드포인트endpoint에 대한 연결을 나타낸다. 클라이언트 애플리케이션이 gRPC 채널을 만들면 내부적으로 서버와 HTTP/2 연결을 만드는데, 채널이 생성되면 서버로 여러 개의 원격 호출을 보낼 수 있도록 재사용된다. 이 원격 호출은 HTTP/2의 스트림으로 처리되며, 원격 호출로 전송된 메시지는 HTTP/2 프레임으로 전송된다. 그리고 프레임은 하나의 gRPC 길이-접두사 지정 메시지를 보내거나 gRPC 메시지가 상당히 큰 경우 여러 데이터 프레임에 걸쳐 보내진다.

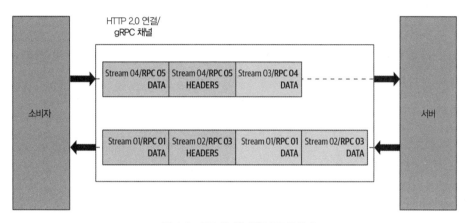

그림 4-5. gRPC 의미에 대한 HTTP/2 관계

앞 절에서 메시지가 길이-접두사 지정 메시지로 프레이밍되는 방법을 살펴봤는데, 네트워크를 통해 요청이나 응답 메시지를 보낼 때 메시지와 함께 추가 헤더를 보내야 한다. 다음 절에서 요청/응답 메시지를 구성하는 방법과 각 메시지에 전달해야 하는 헤더를 살펴보자.

요청 메시지

요청 메시지는 원격 호출을 시작하는 메시지다. gRPC에서 요청 메시지는 항상 클라이언트 애플리케이션에 의해 트리거되며, 그림 4-6과 같이 요청 헤더, 길이-접두사 지정 메시지, 스트림 종료 플래그라는 세 가지 주요 요소로 구성된다. 클라이언트가 요청 헤더를 보내면 원격 호출이 시작되고 길이-접두사 지정 메시지가 해당 호출로 전송된다. 마지막으로 스트림 종료^{EOS, End Of Stream} 플래그가 전송돼 수신자에게 요청 메시지 전송이 완료됐음을 알린다.

그림 4-6. 요청 메시지의 메시지 구성 순서

ProductInfo 서비스의 **getProduct** 함수를 사용해 요청 메시지가 HTTP/2 프레임으로 전송되는 방법을 알아보자. **getProduct** 함수를 호출하면 클라이언트는 다음과 같은 요청 헤더를 전송해 호출을 시작한다.

```
HEADERS (flags = END_HEADERS)
:method = POST ❶
:scheme = http ❷
:path = /ProductInfo/getProduct ❸
:authority = abc.com ❹
te = trailers ❺
grpc-timeout = 1S ❻
content-type = application/grpc ❼
grpc-encoding = gzip ❽
authorization = Bearer xxxxxx ❾
```

❶ HTTP 메서드를 정의한다. gRPC의 경우 **:method** 헤더는 항상 POST가 된다.

❷ HTTP 스키마를 정의한다. TLS^{Transport Level Security}가 활성화된 경우 스키마는 **"https"**로 설정되고 그렇지 않으면 **"http"**로 설정된다.

❸ 엔드포인트 경로를 정의한다. gRPC의 경우 **"/"** {서비스 이름} **"/"** {메서드 이름}으로 구성된다.

❹ 대상 URI의 가상^{virtual} 호스트 이름을 정의한다.

❺ 호환되지 않는 프록시 탐지를 정의한다. gRPC의 경우 "trailers"여야 한다.

❻ 호출 타임아웃을 정의한다. 지정되지 않으면 서버는 무한 타임아웃으로 가정한다.

❼ 콘텐츠 타입^{content-type}을 정의한다. gRPC의 경우 콘텐츠 타입은 application/grpc로 시작해야 한다. 그렇지 않으면 gRPC 서버는 HTTP 상태 코드 415(지원되지 않는 미디어 유형)로 응답한다.

❽ 메시지 압축 유형을 정의한다. 가능한 값은 identity, gzip, deflate, snappy, {custom}이다.

❾ 선택적 메타데이터가 온다. authorization 메타데이터는 보안이 요구되는 엔드포인트에 액세스하는 데 사용된다.

예제 추가 참고 사항

- ":"으로 시작하는 헤더 이름은 예약 헤더(reserved headers)로, HTTP/2에서는 예약 헤더가 다른 헤더보다 앞에 나온다.

- gRPC 통신에 전달되는 헤더는 두 가지 유형, 즉 통신 정의(call-definition) 헤더와 사용자 정의(custom) 메타데이터로 분류된다.

- 통화 정의 헤더는 HTTP/2에서 지원하는 사전에 정의된 헤더로, 사용자 정의 메타데이터보다 먼저 전송돼야 한다.

- 사용자 정의 메타데이터는 애플리케이션 계층에서 정의한 임의의 키-값 세트다. 사용자 정의 메타데이터를 정의할 때는 grpc-로 시작하는 헤더 이름을 사용하지 않아야 하는데, 이는 gRPC 코어에서 예약된 이름으로 처리되기 때문이다.

클라이언트가 서버와의 통신을 시작하면 클라이언트는 길이-접두사 지정 메시지를 HTTP/2 데이터 프레임으로 보낸다. 길이-접두사 지정 메시지가 하나의 데이터 프레임에 맞지 않으면 여러 데이터 프레임으로 분리된다. 요청 메시지의 마지막은 최종 DATA 프레임에 END_STREAM 플래그를 추가해 표시한다. 전송할 데이터가 없으면서 요청 스트림을 종료해야 하는 경우 구현은 **END_STREAM** 플래그를 사용해 다음과 같은 빈 데이터 프레임을 보낸다.

```
DATA (flags = END_STREAM)
<Length-Prefixed Message>
```

지금까지 gRPC 요청 메시지의 구조에 대한 개요를 살펴봤다. 좀 더 자세한 내용은 공식 gRPC 깃허브 저장소(https://oreil.ly/VIhYs)에서 확인할 수 있다.

응답 메시지도 요청 메시지와 유사하게 자체 구조를 갖는다. 이제 응답 메시지의 구조와 관련 헤더를 살펴보자.

응답 메시지

응답 메시지는 클라이언트 요청에 대한 응답으로 서버에 의해 생성된다. 대부분의 경우 요청 메시지와 유사하게 응답 메시지는 응답 헤더, 길이-접두사 지정 메시지, 트레일러^trailer의 세 가지 주요 요소로 구성된다. 클라이언트에 응답으로 보낼 길이-접두사 지정 메시지가 없는 경우 응답 메시지는 그림 4-7과 같이 헤더와 트레일러로만 구성된다.

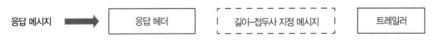

그림 4-7. 응답 메시지의 메시지 순서

응답 메시지의 HTTP/2 프레이밍 순서를 설명하고자 기존 예를 살펴보자. 서버가 클라이언트에 응답을 보낼 때 먼저 다음과 같이 응답 헤더를 보낸다.

```
HEADERS (flags = END_HEADERS)
:status = 200 ❶
grpc-encoding = gzip ❷
content-type = application/grpc ❸
```

❶ HTTP 요청에 대한 상태 코드를 나타낸다.

❷ 메시지 압축 유형을 정의한다. 가능한 값은 identity, gzip, deflate, snappy, {custom}이다.

❸ 콘텐츠 타입content-type을 정의한다. gRPC의 경우 콘텐츠 타입은 application/grpc 로 시작해야 한다.

 요청 헤더와 유사하게 애플리케이션 계층에서 정의한 임의의 카-값 세트를 포함하는 사용자 정의 메타데이터를 응답 헤더에서 지정할 수 있다.

서버가 응답 헤더를 보내면 길이-접두사 지정 메시지가 해당 호출의 HTTP/2 데이터 프레임으로 전송된다. 요청 메시지와 마찬가지로 길이-접두사 지정 메시지가 하나의 데이터 프레임으로 보낼 수 없으면 여러 데이터 프레임으로 나눠 보내진다. 요청 메시지와는 달리 다음과 같이 END_STREAM 플래그는 데이터 프레임과 함께 전송되지 않으며, 트레일러라는 별도의 헤더로 전송된다.

```
DATA
<Length-Prefixed Message>
```

결국 트레일러는 클라이언트에게 응답 메시지 전송이 완료됐음을 알리고자 사용되는데, 다음과 같이 요청의 상태 코드와 상태 메시지도 포함될 수 있다.

```
HEADERS (flags = END_STREAM, END_HEADERS)
grpc-status = 0 # OK ❶
grpc-message = xxxxxx ❷
```

❶ gRPC 상태 코드를 정의한다. gRPC에는 잘 정의된 상태 코드들을 사용한다. 상태 코드의 정의는 공식 gRPC 문서(https://oreil.ly/3MH72)에서 확인할 수 있다.

❷ 에러의 설명을 정의한다. 이는 선택 사항으로, 요청 처리에 에러가 있는 경우에만 지정된다.

 트레일러는 HTTP/2 헤더 프레임으로도 제공되지만 응답 메시지의 끝으로 전송된다. 트레일러 스트림 헤더에 END_STREAM 플래그를 설정해 응답 스트림의 끝을 나타내며 grpc-status와 grpc-message 헤더가 포함돼 있다.

특정 시나리오에서는 요청 호출에 즉각적인 실패가 있을 수 있는데, 이 경우 서버는 데이터 프레임 없이 응답을 보낸다. 따라서 서버는 트레일러만 응답으로 보내는데, 이 트레일러는 HTTP/2 헤더 프레임으로도 전송되고 END_STREAM 플래그도 포함한다. 게다가 다음 헤더가 트레일러에 포함돼 있다.

- HTTP 상태 → :status

- 콘텐츠 타입 → content-type

- 상태 코드 → grpc-status

- 상태메시지 → grpc-message

gRPC 메시지가 HTTP/2 연결을 통해 처리되는 방식을 알아봤으므로 gRPC에서 다양한 통신 패턴의 메시지 흐름을 좀 더 알아보자.

gRPC 통신 패턴에서의 메시지 흐름 이해

3장에서 gRPC가 지원하는 4가지 통신 패턴인 단순 RPC, 서버 스트리밍 RPC, 클라이언트 스트리밍 RPC, 양방향 스트리밍 RPC를 알아봤다. 각 통신 패턴이 실제 사례를 사용해 작동하는 방식도 알아봤는데, 이번 절에서는 각 패턴을 다른 각도에서 다시 살펴보자. 이 장에서 배운 내용을 바탕으로 각 패턴이 전송 레벨에서 어떻게 작동하는지 살펴보는 것이다.

단순 RPC

단순 RPC에서는 gRPC 서버와 gRPC 클라이언트 간의 통신에서 항상 단일 요청과 단일 응답이 있다. 그림 4-8과 같이 요청 메시지에는 헤더와 하나 이상의 데이터 프레임에 걸쳐 있을 수 있는 길이-접두사 지정 메시지가 포함된다. 클라이언트 측에서 연결 절반 종료^{half-close the connection}하려면 요청 메시지의 끝에 스트림 종료^{EOS} 플래그를 추가한다. 여기서 '연결 절반 종료'는 클라이언트 측에서 연결을 닫아 더 이상 서버로 메시지를 보낼 수는 없지만 여전히 서버에서 들어오는 메시지는 수신할 수 있음을 의미한다. 서버는 전체 메시지를 받은 후에만 응답 메시지를 만드는데, 응답 메시지에는 헤더 프레임과 길이-접두사 지정 메시지가 포함된다. 서버가 상태 정보와 함께 트레일러 헤더를 보내면 통신이 종료된다.

이는 가장 간단한 통신 패턴이며, 이제 좀 더 복잡한 서버 스트리밍 RPC 시나리오를 알아보자.

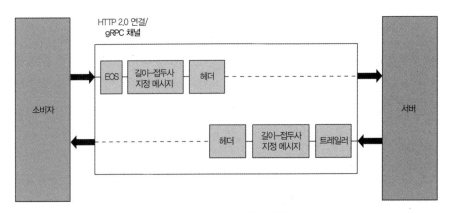

그림 4-8. 단순 RPC: 메시지 흐름

서버 스트리밍 RPC

클라이언트 관점에서는 단순 RPC와 서버 스트리밍 RPC 모두 동일한 요청 메시지 흐름을 갖는다. 둘 다 하나의 요청 메시지만 보내는데, 주요 차이점은 서버에 있다. 서버는 하나의 응답 메시지를 클라이언트에 보내지 않고 여러 메시지를 보낸다. 서버는 전체 요청 메시지를 수신 할 때까지 기다렸다가 그림 4-9와 같이 응답 헤더와 여러 길이-접두사 지정 메시지를 보낸다. 서버가 상태 정보와 함께 후행 헤더를 보내면 통신이 종료된다.

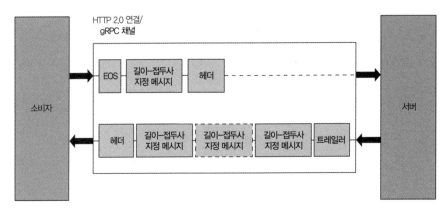

그림 4-9. 서버 스트리밍 RPC: 메시지 흐름

이제 서버 스트리밍 RPC와 반대되는 클라이언트 스트리밍 RPC를 살펴보자.

클라이언트 스트리밍 RPC

클라이언트 스트리밍 RPC에서는 클라이언트가 여러 메시지를 서버로 보내고 서버는 응답으로 하나의 응답 메시지만을 보낸다. 클라이언트는 먼저 헤더 프레임을 전송해 서버와의 연결을 설정한다. 연결이 설정되면 클라이언트는 그림 4-10과 같이 여러 길이-접두사 지정 메시지를 데이터 프레임으로 서버에 보낸다. 최종적으로 클라이언트는 마지막 데이터 프레임에 EOS 플래그를 전송해 연결 절반을 닫는다. 그러는 동안 서버는 클라이언트에서 받은 메시지를 읽는다. 모든 메시지를 받으면 서버는 후행 헤더와 함께 응답 메시지를 보내므로 연결을 닫는다.

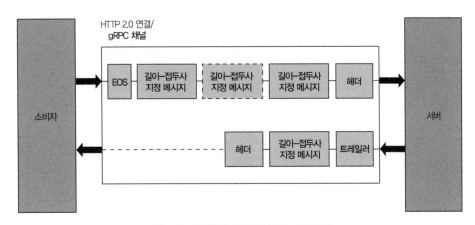

그림 4-10. 클라이언트 스트리밍 RPC: 메시지 흐름

이제 클라이언트와 서버가 연결을 닫을 때까지 서로에게 여러 메시지를 보내는 마지막 RPC인 양방향 RPC를 알아보자.

양방향 스트리밍 RPC

이 패턴에서는 클라이언트가 헤더 프레임을 전송해 연결을 설정한다. 연결이 설정되면 클라이언트와 서버는 모두 상대방이 끝날 때까지 기다리지 않고 길이-접두사 지정 메시지를 보낸다. 그림 4-11과 같이 클라이언트와 서버는 동시에 메시지를 보내고, 둘 다 연결을 종료할 수 있는데 종료되면 더 이상 메시지를 보낼 수 없게 된다.

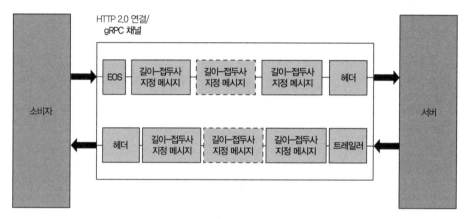

그림 4-11. 양방향 스트리밍 RPC: 메시지 흐름

지금까지 gRPC 통신을 깊이 있게 둘러봤다. 통신의 네트워크와 전송 관련 처리는 일반적으로 gRPC 코어 계층에서 처리되므로 gRPC 애플리케이션 개발자는 세부 사항을 알 필요가 없다.

4장을 마무리하기 전에 gRPC 구현 아키텍처와 언어 스택을 살펴보자.

gRPC 구현 아키텍처

그림 4-12와 같이 gRPC 구현은 여러 레이어로 구성되고, 기본 레이어는 gRPC 코어 레이어^{core layer}다. 이 레이어는 얇은 층으로 상위 레이어의 모든 네트워크 작업

을 추상화해 애플리케이션 개발자가 네트워크를 통해 RPC 호출을 쉽게 수행할 수 있게 한다. 아울러 코어 레이어는 핵심 기능의 확장을 제공한다. 일부 확장 포인트는 통신 보안용 인증 필터authentication filters와 통신 타임아웃을 구현하는 데드라인 필터deadline filter 등이다.

gRPC는 C/C++, Go, 자바 언어를 기본적으로 지원하고, 파이썬, 루비, PHP 등과 같이 널리 사용되는 언어에 대한 바인딩을 제공한다. 이런 언어 바인딩은 하위 수준 C API에 대한 래퍼wrapper다.

마지막으로 애플리케이션 코드는 언어 바인딩 위에 구현된다. 이 애플리케이션 레이어는 애플리케이션 로직과 데이터 인코딩 로직을 처리한다. 일반적으로 개발자는 개별 언어에서 제공하는 컴파일러를 사용해 데이터 인코딩 로직에 대한 소스코드를 생성한다. 예를 들어 데이터 인코딩에 프로토콜 버퍼를 사용하는 경우 프로토콜 버퍼 컴파일러를 사용해 소스코드를 생성할 수 있다. 따라서 개발자는 생성된 소스코드의 메서드를 호출해 애플리케이션 로직을 작성한다.

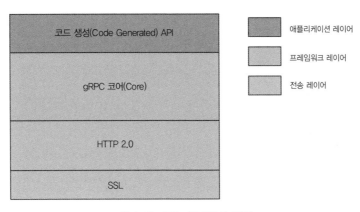

그림 4-12. gRPC 기본 구현 아키텍처

gRPC 기반 애플리케이션에 대한 대부분의 저수준 구현과 실행 세부 사항을 다뤘다. 애플리케이션 개발자는 애플리케이션에서 사용하는 기술의 하위 수준 세부 사항을 이해하는 것이 좋은데, 이는 강력한 애플리케이션을 설계할 뿐만 아니라 애플리케이션 이슈를 쉽게 해결하는 데 도움이 된다.

요약

gRPC는 프로토콜 버퍼와 HTTP/2라는 빠르고 효율적인 프로토콜 위에 구축된다. 프로토콜 버퍼는 구조화된 데이터를 직렬화하고자 언어에 구애 받지 않고 플랫폼 중립적이며 확장 가능한 메커니즘인 데이터 직렬화 프로토콜이다. 데이터가 직렬화되면 이 프로토콜은 일반 JSON 페이로드^{payload}보다 크기가 작고 강력한 형식의 바이너리 페이로드를 생성한다. 이 직렬화된 바이너리 페이로드는 HTTP/2라는 바이너리 전송 프로토콜을 통해 전송된다.

HTTP/2는 인터넷 프로토콜 HTTP의 다음 메이저 버전으로, 완전히 다중화돼 단일 TCP 연결을 통해 데이터에 대한 여러 요청을 병렬로 보낼 수 있다. 이는 HTTP/2로 작성된 애플리케이션을 다른 애플리케이션보다 더 빠르고 단순하며 견고하게 한다.

이러한 모든 요소는 gRPC를 고성능 RPC 프레임워크로 만든다.

4장에서는 gRPC 통신의 하위 수준 세부 사항을 다뤘다. 이런 세부 사항은 라이브러리에서 이미 처리하고 있기 때문에 gRPC 애플리케이션을 개발하는 데 필수는 아니지만, 서비스 환경에서 gRPC를 사용할 때 gRPC 통신 관련 문제를 해결하려면 낮은 수준의 gRPC 메시지 흐름을 이해하는 것이 절대적으로 필요하다. 5장에서는 실제 요구 사항을 충족하고자 gRPC가 제공하는 몇 가지 고급 기능을 알아본다.

gRPC: 고급 기능

실제 gRPC 애플리케이션을 구축할 때는 수신과 발신 RPC에 대한 인터셉터 처리, 네트워크 지연 처리, 에러 처리, 서비스와 소비자 간의 메타데이터 공유 등과 같은 요구 사항을 충족시키기 위해 다양한 기능으로 애플리케이션을 개선해야 한다.

이전 장들과 같이 5장의 모든 샘플도 Go 언어를 사용해 설명한다. 자바에 익숙한 경우라면 동일한 사례에 대해 소스코드 저장소에 있는 자바 샘플을 참조하라.

5장에서는 서버와 클라이언트에서 RPC를 인터셉트하기 위한 gRPC 인터셉터 interceptor 사용, 데드라인을 활용한 RPC 처리 완료 대기 시간 지정, 서버와 클라이언트에서의 에러 처리 모범 사례, 멀티플렉싱을 사용해 하나의 서버에서 여러 서비스를 실행하는 방법, 애플리케이션 간 사용자 정의 메타데이터의 공유, 다른 서비스를 호출할 때 로드밸런싱load-balancing, 이름 조회name resolution 기술, 네트워크 대역폭을 효과적으로 사용하기 위한 RPC 호출 압축 등을 비롯한 주요 고급 RPC 기능을 알아본다.

우선 gRPC 인터셉터를 알아보자.

인터셉터

gRPC 애플리케이션을 만들 때 클라이언트나 서버에 원격 함수 실행 전후 몇 가지 공통적인 로직을 실행할 필요가 있다. gRPC에서는 인터셉터라는 확장 메커니즘을 사용해 로깅logging, 인증authentication, 메트릭metrics 등과 같은 특정 요구 사항 충족을 위해 RPC 실행을 가로챌 수 있고, 클라이언트와 서버 gRPC 애플리케이션에서 인터셉터를 구현하고 설치하기 위한 간단한 API를 제공한다. 이는 gRPC의 주요 확장 메커니즘 중 하나며 로깅, 인증, 권한 부여authorization, 메트릭, 추적tracing, 기타 요구 사항과 같은 여러 유스케이스에 매우 유용하게 사용된다.

 gRPC를 지원하는 모든 언어에서 인터셉터가 지원되는 것은 아니며, 각 언어별로 인터셉터의 구현이 다를 수 있다. 이 책에서는 Go 언어와 자바만 다룬다.

gRPC 인터셉터는 인터셉트하는 RPC 호출 타입에 따라 두 가지 유형으로 분류된다. 단순 RPC의 경우 단일 인터셉터unary interceptor를 사용할 수 있지만 스트리밍 RPC의 경우 스트리밍 인터셉터streaming interceptor를 사용해야 한다. 이 인터셉터는 gRPC 서버나 gRPC 클라이언트에서 사용할 수 있다. 먼저 서버에서의 인터셉터 사용 방법을 살펴보자.

서버 측 인터셉터

클라이언트가 gRPC 서비스의 원격 메서드를 호출할 때 서버에서 인터셉터를 사용해 원격 메서드 실행 전에 공통 로직을 실행할 수 있다. 이는 원격 메서드를 호출하기 전에 인증과 같은 특정 기능을 적용해야 할 때 도움이 된다. 그림 5-1과 같이 개발 중인 gRPC 서버에 하나 이상의 인터셉터를 연결할 수 있다. 예를 들어 새로운 서버 측 인터셉터를 OrderManagement gRPC 서비스에 연결하고자 인터셉터를 구현하고 gRPC 서버를 만들 때 인터셉터를 등록한다.

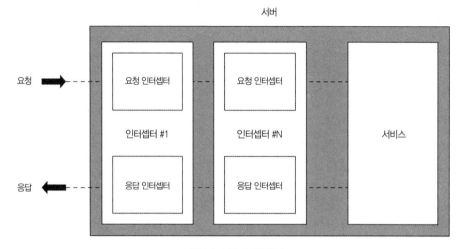

그림 5-1. 서버 측 인터셉터

서버에서 단순 인터셉터를 사용하면 단순 RPC 호출을 인터셉트할 수 있으며, 스트리밍 인터셉터는 스트리밍 RPC를 인터셉트할 수 있다. 먼저 서버 측 단일 인터셉터를 알아보자.

단일 인터셉터

서버에서 gRPC 서비스의 단일 RPC를 가로채려면 gRPC 서버에 단일 인터셉터를 구현해야 한다. 코드 5-1의 Go 코드와 같이 UnaryServerInterceptor 타입의 함수를 구현하고 gRPC 서버를 생성할 때 해당 함수를 등록해 이를 실행할 수 있다. UnaryServerInterceptor는 다음과 같은 시그니처signature를 가진 서버 측 단순 인터셉터를 위한 타입이다.

```
func(ctx context.Context, req interface{}, info *UnaryServerInfo,
    handler UnaryHandler) (resp interface{}, err error)
```

이 함수에서 gRPC 서버로 들어오는 모든 단일 RPC 호출 전체를 제어할 수 있다.

코드 5-1. gRPC 서버 측 단일 인터셉터

```go
// 서버 - 단일 인터셉터
func orderUnaryServerInterceptor(ctx context.Context, req interface{},
        info *grpc.UnaryServerInfo, handler grpc.UnaryHandler)
        (interface{}, error) {

    // 전처리 로직
    // 인자(args)로 넘겨진 info를 통해 현재 RPC 호출에 대한 정보를 얻는다.
    log.Println("======= [Server Interceptor] ", info.FullMethod) ❶

    // 단일 RPC의 정상 실행을 완료하고자 핸들러(handler)를 호출한다.
    m, err := handler(ctx, req) ❷

    // 후처리 로직
    log.Printf(" Post Proc Message : %s", m) ❸

    return m, err ❹
}

// ...

func main() {
    ...
    // 서버 측에서 인터셉터를 등록한다.
    s := grpc.NewServer(
            grpc.UnaryInterceptor(orderUnaryServerInterceptor)) ❺
```

❶ 전처리 단계[preprocessing phase]: 여기서 각 RPC를 호출하기 전에 메시지를 가로챌 수 있다.

❷ UnaryHandler를 통해 RPC 메서드를 호출한다.

❸ 후처리 단계[postprocessing phase]: RPC 호출의 응답을 처리할 수 있다.

❹ RPC 응답을 다시 보낸다.

142

❺ 단일 인터셉터를 gRPC 서버에 등록한다.

서버 측 단일 인터셉터 구현은 일반적으로 전처리, RPC 메서드 호출, 후처리의 세 부분으로 나눌 수 있다. 이름에서 알 수 있듯이 전처리 단계는 RPC 호출에서 원래의 원격 메서드를 호출하기 전에 실행된다. 전처리 단계에서 개발자는 RPC 콘텍스트, RPC 요청, 서버 정보와 같이 전달된 인자를 검사해 현재 RPC 호출에 대한 정보를 얻을 수 있으며, 전처리 단계에서 RPC 호출을 수정할 수도 있다.

그런 다음 호출 단계^{invoker phase}에서 RPC 메서드를 호출하려면 gRPC UnaryHandler를 호출해야 하며, RPC가 호출된 이후 후처리 단계가 실행된다. 이는 RPC 호출의 응답이 후처리 단계를 거치는 것이다. 이 단계에서는 필요에 따라 반환된 응답과 에러를 처리할 수 있고, 후처리 단계가 완료되면 메시지와 에러를 인터셉터 함수의 반환 파라미터로 반환해야 한다. 후처리가 필요하지 않은 경우 단순하게 핸들러 호출(handler (ctx, req))을 바로 반환할 수 있다.

이제 스트리밍 인터셉터를 알아보자.

스트리밍 인터셉터

서버 측 스트리밍 인터셉터는 gRPC 서버가 처리하는 모든 스트리밍 RPC 호출을 인터셉트한다. 스트리밍 인터셉터는 전처리 단계와 스트림 동작 인터셉트 단계^{stream operation interception phase}를 포함한다.

코드 5-2의 Go 코드처럼 OrderManagement 서비스의 스트리밍 RPC 호출을 가로챈다고 가정하자. StreamServerInterceptor는 서버 측 스트리밍 인터셉터의 타입으로, orderServerStreamInterceptor는 다음과 같은 시그니처를 갖는 StreamServer Interceptor 타입의 인터셉터 함수다.

```
func(srv interface{}, ss ServerStream, info *StreamServerInfo,
    handler StreamHandler) error
```

단일 인터셉터처럼 전처리 단계에서 스트리밍 RPC 호출이 서비스 구현으로 이동하기 전에 인터셉트할 수 있고, 전처리 단계 후에 원격 메서드의 RPC 호출을 실행하고자 StreamHandler를 호출한다. 전처리 단계 이후에도 grpc.ServerStream 인터페이스를 구현하는 래퍼 스트림^{wrapper stream}이라는 인터페이스를 사용해 스트리밍 RPC 메시지를 가로챌 수 있다. handler (srv, newWrappedStream(ss))와 같이 grpc.StreamHandler를 호출할 때 이 래퍼 구조체를 전달할 수 있는데, grpc.ServerStream 래퍼는 gRPC 서비스에서 보내거나 받는 스트리밍 메시지를 가로챈다. 이 구조체는 SendMsg와 RecvMsg 함수를 구현해 서비스가 RPC 스트리밍 메시지를 받거나 보낼 때 호출된다.

코드 5-2. gRPC 서버 측 스트리밍 인터셉터

```
// 서버 - 스트리밍 인터셉터
// wrappedStream이 내부의 grpc.ServerStream을 감싸고,
// RecvMsg와 SendMsg 메서드 호출을 가로챈다.

type wrappedStream struct { ❶
    grpc.ServerStream
}

❷
func (w *wrappedStream) RecvMsg(m interface{}) error {
    log.Printf("====== [Server Stream Interceptor Wrapper] " +
            "Receive a message (Type: %T) at %s",
            m, time.Now().Format(time.RFC3339))
    return w.ServerStream.RecvMsg(m)
}
```

❸
```go
func (w *wrappedStream) SendMsg(m interface{}) error {
    log.Printf("====== [Server Stream Interceptor Wrapper] " +
            "Send a message (Type: %T) at %v",
            m, time.Now().Format(time.RFC3339))
    return w.ServerStream.SendMsg(m)
}
```

❹
```go
func newWrappedStream(s grpc.ServerStream) grpc.ServerStream {
    return &wrappedStream{s}
}
```

❺
```go
func orderServerStreamInterceptor(srv interface{},
        ss grpc.ServerStream, info *grpc.StreamServerInfo,
        handler grpc.StreamHandler) error {
    log.Println("====== [Server Stream Interceptor] ",
            info.FullMethod) ❻
    err := handler(srv, newWrappedStream(ss)) ❼
    if err != nil {
        log.Printf("RPC failed with error %v", err)
    }
    return err
}

...
// 인터셉터 등록
s := grpc.NewServer(
        grpc.StreamInterceptor(orderServerStreamInterceptor)) ❽
...
```

❶ grpc.ServerStream의 래퍼 스트림이다.

❷ 스트림 RPC로 수신된 메시지를 처리하기 위한 래퍼의 **RecvMsg** 함수를 구현한다.

❸ 스트림 RPC로 전송되는 메시지를 처리하기 위한 래퍼의 **SendMsg** 함수를 구현한다.

❹ 새 래퍼 스트림의 인스턴스를 만든다.

❺ 스트리밍 인터셉터를 구현한다.

❻ 전처리 단계다.

❼ 래퍼 스트림으로 스트리밍 RPC를 호출한다.

❽ 인터셉터를 등록한다.

서버상에서 스트리밍 인터셉터의 동작을 이해하고자 gRPC 서버 로그 출력을 확인해보자. 각 로그 메시지가 인쇄되는 순서에 따라 스트리밍 인터셉터의 동작을 식별할 수 있다. 여기서 호출한 스트리밍 원격 메서드는 서버 스트리밍 RPC인 SearchOrders다.

```
[Server Stream Interceptor] /ecommerce.OrderManagement/searchOrders
[Server Stream Interceptor Wrapper] Receive a message

Matching Order Found : 102 -> Writing Order to the stream ...
[Server Stream Interceptor Wrapper] Send a message...
Matching Order Found : 104 -> Writing Order to the stream ...
[Server Stream Interceptor Wrapper] Send a message...
```

클라이언트 측 인터셉터 용어는 서버 측 인터셉터 용어와 매우 유사한데, 인터페이스와 함수 시그니처가 약간 다르다. 클라이언트 측 인터셉터의 세부 사항을 알아보자.

클라이언트 측 인터셉터

클라이언트가 gRPC 서비스의 원격 메서드를 호출하고자 RPC를 할 때 클라이언트에서 해당 RPC 호출을 가로챌 수 있다. 클라이언트 측 인터셉터를 사용하면 그림 5-2와 같이 스트리밍 RPC 호출뿐만 아니라 단일 RPC 호출도 인터셉트할 수 있다.

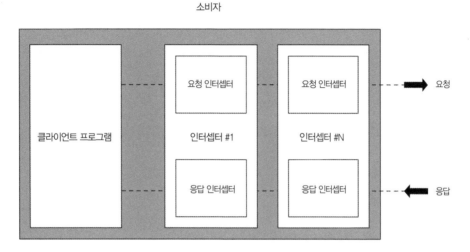

그림 5-2. 클라이언트 측 인터셉터

이는 클라이언트 애플리케이션 코드 외부에서 gRPC 서비스를 안전하게 호출하는 재사용 가능한 특정 기능을 구현해야 할 때 특히 유용하다.

단일 인터셉터

클라이언트 측 단일 RPC 인터셉터는 단일 RPC 클라이언트를 인터셉트하는 데 사용되며, UnaryClientInterceptor는 다음과 같이 함수 시그니처를 갖는 클라이언트 측 단일 인터셉터 타입이다.

```
func(ctx context.Context, method string, req, reply interface{},
        cc *ClientConn, invoker UnaryInvoker, opts ...CallOption) error
```

서버 측 단일 인터셉터와 같이 클라이언트 측 단일 인터셉터도 여러 단계를 갖고 있다. 코드 5-3은 클라이언트에서 단일 인터셉터를 처리하는 기본 Go 구현을 보여준다. 전처리 단계에서 원격 메서드를 호출하기 전에 RPC 호출을 가로챌 수 있는데, 여기에서는 전달된 인자를 통해 RPC 콘텍스트, 메서드 문자열, 전송 요청, 설정된 CallOptions 등의 현재 RPC 호출에 대한 정보를 액세스할 수 있다. 따라서 서버 애플리케이션으로 전송되기 전에 원래 RPC 호출을 수정하는 것도 가능하다. 그런 다음 UnaryInvoker 인수를 사용해 실제 단순 RPC를 호출할 수 있다. 후처리 단계에서는 RPC 호출의 응답이나 에러 결과를 액세스할 수 있다.

코드 5-3. gRPC 클라이언트 측 단항 인터셉터

```
func orderUnaryClientInterceptor(
        ctx context.Context, method string, req, reply interface{},
        cc *grpc.ClientConn,
        invoker grpc.UnaryInvoker, opts ...grpc.CallOption) error {
    // 전처리 단계
    log.Println("Method : " + method) ❶

    // 원격 메서드 호출
    err := invoker(ctx, method, req, reply, cc, opts...) ❷

    // 후처리 단계
    log.Println(reply) ❸

    return err ❹
}
...

func main() {
    // 서버로의 연결을 설정한다.
```

```
conn, err := grpc.Dial(address, grpc.WithInsecure(),
        grpc.WithUnaryInterceptor(orderUnaryClientInterceptor)) ❺
    ...
```

❶ 전처리 단계는 RPC 요청을 서버로 보내기 전에 RPC 요청에 액세스한다.

❷ UnaryInvoker를 통해 RPC 메서드를 호출한다.

❸ 응답이나 에러 결과를 처리할 수 있는 후처리 단계다.

❹ 에러를 gRPC 클라이언트 애플리케이션에 응답과 함께 다시 반환하는데, 응답은 인자로 전달된다.

❺ 단순 인터셉터를 다이얼dial 옵션으로 전달해 서버에 대한 연결을 설정한다.

인터셉터 함수 등록은 grpc.WithUnaryInterceptor를 사용해 grpc.Dial 함수 안에서 처리된다.

스트리밍 인터셉터

클라이언트 측 스트리밍 인터셉터는 gRPC 클라이언트가 처리하는 모든 스트리밍 RPC 호출을 인터셉트하며, 구현은 서버 측 구현과 매우 유사하다. StreamClientInterceptor는 클라이언트 측 스트리밍 인터셉터의 타입으로, 다음과 같은 함수 시그니처를 갖는다.

```
func(ctx context.Context, desc *StreamDesc, cc *ClientConn,
        method string, streamer Streamer,
        opts ...CallOption) (ClientStream, error)
```

코드 5-4와 같이 클라이언트 측 스트리밍 인터셉터 구현은 전처리와 스트림 동작 가로채기interception를 포함한다.

```
func clientStreamInterceptor(
        ctx context.Context, desc *grpc.StreamDesc,
        cc *grpc.ClientConn, method string,
        streamer grpc.Streamer, opts ...grpc.CallOption)
        (grpc.ClientStream, error) {
    log.Println("======= [Client Interceptor] ", method) ❶
    s, err := streamer(ctx, desc, cc, method, opts...) ❷
    if err != nil {
        return nil, err
    }
    return newWrappedStream(s), nil ❸
}

type wrappedStream struct { ❹
    grpc.ClientStream
}

func (w *wrappedStream) RecvMsg(m interface{}) error { ❺
    log.Printf("====== [Client Stream Interceptor] " +
            "Receive a message (Type: %T) at %v",
            m, time.Now().Format(time.RFC3339))
    return w.ClientStream.RecvMsg(m)
}

func (w *wrappedStream) SendMsg(m interface{}) error { ❻
    log.Printf("====== [Client Stream Interceptor] " +
            "Send a message (Type: %T) at %v",
            m, time.Now().Format(time.RFC3339))
    return w.ClientStream.SendMsg(m)
}

func newWrappedStream(s grpc.ClientStream) grpc.ClientStream {
    return &wrappedStream{s}
}

...
```

```
func main() {
    // 서버로의 연결을 설정한다.
    conn, err := grpc.Dial(address, grpc.WithInsecure(),
        grpc.WithStreamInterceptor(clientStreamInterceptor)) ❼
...
```

❶ 전처리 단계는 RPC 요청을 서버로 보내기 전에 RPC 요청에 액세스한다.

❷ ClientStream을 얻고자 전달된 스트리머streamer를 호출한다.

❸ ClientStream을 래핑하고 가로채는 로직을 갖도록 메서드를 오버로드해 클라이언트 애플리케이션에게 반환한다.

❹ grpc.ClientStream의 래퍼 스트림이다.

❺ 스트리밍 RPC에서 받은 메시지를 가로채는 함수다.

❻ 스트리밍 RPC에서 보내는 메시지를 가로채는 함수다.

❼ 스트리밍 인터셉터를 등록한다.

스트림에 대한 인터셉트는 grpc.ClientStream을 래핑하는 새로운 구조체를 구현하는 스트림의 래퍼 구현을 통해 처리된다. 여기서 클라이언트에서 수신하거나 전송된 스트리밍 메시지를 가로채는 데 사용할 수 있는 래핑된 스트림 메서드인 RecvMsg와 SendMsg를 구현해야 하며, 인터셉터의 등록은 단일 인터셉터와 동일하며 grpc.Dial 함수에서 수행된다.

클라이언트 애플리케이션에서 gRPC 서비스를 호출할 때 종종 적용해야 하는 또 다른 기능인 데드라인을 알아보자.

데드라인

데드라인^{deadline}과 타임아웃^{timeout}은 분산 컴퓨팅에서 일반적으로 사용되는 패턴이다. 타임아웃은 클라이언트 애플리케이션이 RPC가 완료될 때까지 에러로 종료되기 전 얼마의 시간 동안 기다릴지를 지정한다. 일반적으로는 기간^{duration}으로 지정되며 각 클라이언트에 개별로 적용된다. 하나의 요청이 하나 이상의 서비스를 함께 묶는 여러 다운스트림^{downstream} RPC로 구성되는 예를 생각해보자. 이 경우 각 서비스 호출마다 개별 RPC를 기준으로 타임아웃을 적용할 수 있지만, 요청 전체 수명주기에는 직접 적용할 수 없다. 이런 경우는 데드라인을 사용해야 한다.

데드라인은 요청 시작 기준으로 특정 시간(API에서 기간 오프셋으로 표시하더라도)으로 표현되며 여러 서비스 호출에 걸쳐 적용된다. 요청을 시작하는 애플리케이션이 데드라인을 설정하면 전체 요청 체인은 데드라인까지 응답해야 한다. gRPC API도 RPC 데드라인의 사용을 지원하는데, 여러 가지 이유로 항상 gRPC 애플리케이션에서 데드라인을 지정하는 것이 바람직하다. gRPC 통신은 네트워크를 통해 이뤄지므로 RPC 호출과 응답 사이 지연이 발생될 수 있다. 또는 gRPC 서비스 자체의 비즈니스 로직에 따라 응답하는 데 더 많은 시간이 걸릴 수 있다. 데드라인을 사용하지 않고 클라이언트 애플리케이션을 개발하면 시작된 RPC 요청에 대한 응답을 무한정 기다리며, 모든 진행 중인 요청에 대해 리소스가 계속 유지된다. 이로 인해 서비스는 물론 클라이언트도 리소스가 부족해질 수 있으므로 서비스 대기 시간이 길어지게 되며, 결국 전체 gRPC 서비스가 중단될 수도 있다.

그림 5-3에 나와 있는 예제 시나리오는 제품 관리 서비스를 호출하는 gRPC 클라이언트 애플리케이션인데, 제품 관리 서비스가 다시 재고 관리 서비스를 호출하고 있다.

클라이언트 애플리케이션은 데드라인 오프셋(즉, 데드라인 = 현재 시간 + 오프셋)을 50ms로 설정한다. 클라이언트와 **ProductMgt** 서비스 간 네트워크 지연시간^{network}

latency은 0ms이고, **ProductMgt** 서비스의 처리 지연시간은 20ms다. 제품 관리 서비스는 데드라인 오프셋을 다시 30ms로 설정해야 한다. 그리고 재고 관리 서비스가 응답하기까지 30ms가 걸리므로 데드라인 이벤트가 두 클라이언트(재고 관리 서비스를 호출하는 ProductMgt와 클라이언트 애플리케이션) 측에서 발생한다.

ProductMgt 서비스의 비즈니스 로직으로 추가된 지연시간은 20ms이기 때문에 **ProductMgt** 서비스의 호출 로직은 데드라인 초과 시나리오를 발생[1]시키고 이를 클라이언트 애플리케이션으로 다시 전달한다. 따라서 데드라인을 사용하는 경우 데드라인은 전체 호출 서비스에 적용된다.

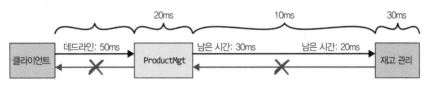

그림 5-3. 서비스 호출 시 데드라인 사용

클라이언트 애플리케이션은 gRPC 서비스를 처음 연결할 때 데드라인을 설정한다. RPC 호출이 시작되면 클라이언트 애플리케이션은 데드라인에 의해 지정된 기간 동안 기다리는데, 해당 시간 내에 RPC 호출이 응답하지 않으면 DEADLINE_ EXCEEDED 에러와 함께 RPC 호출이 종료된다.

gRPC 서비스를 호출할 때 데드라인을 사용하는 실제 예를 살펴보자. 이전 Order Management 서비스 사례에서 AddOrder RPC를 완료하는 데 상당한 시간이 걸린다고 가정하자(OrderManagement gRPC 서비스의 AddOrder 메서드에 지연시간을 추가해 시뮬레이션한다). 클라이언트 애플리케이션은 응답이 더 이상 유용하지 않을 때까지 기다린다. 예를 들어 AddOrder가 응답하는 데 걸리는 시간은 2초며, 클라이언트는 2초 만 응답을 기다린다. 이를 구현하고자(Go 코드로 구현된 코드 5-5 참고) 클라이

---

1. 재고 관리 서비스를 호출할 때 지정된 데드라인인 30ms가 이미 넘어갔기 때문에 데드라인 이벤트가 발생한다. - 옮긴이

언트 애플리케이션은 context.WithDeadline 함수를 사용해 2초 타임아웃을 설정한다. 그리고 status 패키지를 사용해 에러 코드를 처리하는데, 이는 '에러 처리' 절에서 자세히 설명한다.

코드 5-5. 클라이언트 애플리케이션의 gRPC 데드라인

```
conn, err := grpc.Dial(address, grpc.WithInsecure())
if err != nil {
    log.Fatalf("did not connect: %v", err)
}
defer conn.Close()
client := pb.NewOrderManagementClient(conn)

clientDeadline := time.Now().Add(
        time.Duration(2 * time.Second))
ctx, cancel := context.WithDeadline(
        context.Background(), clientDeadline) ❶

defer cancel()

// Order 등록
order1 := pb.Order{Id: "101",
        Items:[]string{"iPhone XS", "Mac Book Pro"},
        Destination:"San Jose, CA",
        Price:2300.00}
res, addErr := client.AddOrder(ctx, &order1) ❷

if addErr != nil {
    got := status.Code(addErr) ❸
    log.Printf("Error Occured -> addOrder : , %v:", got) ❹
} else {
    log.Print("AddOrder Response -> ", res.Value)
}
```

❶ 현재 콘텍스트에서 2초 데드라인을 지정한다.

154

❷ AddOrder 원격 메서드를 호출하고 발생된 에러가 있다면 addErr에 보관한다.

❸ status 패키지를 사용해 에러 코드를 확인한다.

❹ 호출이 지정된 데드라인을 초과하면 DEADLINE_EXCEEDED 타입의 에러를 반환한다.

데드라인의 이상적인 값은 어떻게 결정할 수 있을까? 이 질문에 정해진 답은 없지만 선택에 있어 몇 가지 요소를 고려할 수 있다. 주로 호출하는 개별 서비스의 엔드투엔드end-to-end 지연시간, RPC가 직렬화되는지, 병렬로 호출될 수 있는지, 기본 네트워크의 지연시간과 다운스트림 서비스의 데드라인 값 등을 고려할 수 있다. 그리고 데드라인의 초깃값을 찾았으면 gRPC 애플리케이션의 작동 조건에 따라 이를 조정해야 한다.

> Go 언어에서 gRPC 데드라인은 context 패키지(https://oreil.ly/OTrmY)를 통해 지정되며, WithDeadline은 기본(built-in) 함수다. Go에서 콘텍스트는 종종 모든 다운스트림 작업에서 사용할 수 있는 공통 데이터를 전달하는 데도 사용된다. gRPC 클라이언트 애플리케이션에서 이를 호출하면 클라이언트의 gRPC 라이브러리가 클라이언트와 서버 애플리케이션 사이의 데드라인을 나타내는 필수 gRPC 헤더를 생성한다. 자바에서는 io.grpc.stub.* 패키지의 스텁 구현에서 직접 구현됐기 때문에 약간 다른데, blockingStub.withDeadlineAfter(long, java.util.concurrent.TimeUnit)로 데드라인을 설정한다. 자세한 자바 구현은 코드 저장소를 참조하라.

gRPC 데드라인과 관련해 클라이언트와 서버 모두 RPC의 성공 여부에 대해 독립적이고 개별적인 결정을 내릴 수 있는데, 이는 결과가 서로 다룰 수 있다는 것을 의미한다. 예를 들어 현재 예제에서 클라이언트가 DEADLINE_EXCEEDED 상태가 되더라도 서비스는 여전히 응답을 시도할 수 있다. 그래서 서비스 애플리케이션은 현재 RPC가 여전히 유효한지 아닌지를 확인해야 한다. 서버에서 클라이언트가 RPC를 호출할 때 지정된 데드라인이 초과됐는지 감지할 수도 있다. AddOrder 처리 내에서 ctx.Err() == context.DeadlineExceeded를 확인해 클라이언트가 이미 데드라인 초과 상태인지를 확인한 후 서버에서 RPC를 더 이상 진행하지 않고 에러를 반환한다(대부분 Go에서 블로킹되지 않는^{nonblocking} select 구문을 사용해 구현).

데드라인과 비슷하게 클라이언트나 서버 애플리케이션이 진행 중인 gRPC 통신을 종료하려는 특정 상황이 있을 수 있다. 이런 경우는 gRPC 취소 처리가 유용하다.

취소 처리

클라이언트와 서버 애플리케이션 사이의 gRPC 연결에서 클라이언트와 서버는 모두 통신 성공 여부를 독립적이고 개별적으로 결정한다. 예를 들어 서버 측에서는 성공적으로 끝나지만 클라이언트에서는 실패하는 RPC가 있을 수 있다. 마찬가지로 클라이언트와 서버가 RPC 결과에 대해 다른 결론을 내릴 수 있는 여러 조건이 있을 수 있는데, 클라이언트나 서버 애플리케이션은 RPC를 중단시키려고 할 때 RPC를 취소^{canceling}하면 된다. RPC가 취소되면 더 이상 RPC 관련 메시징을 처리할 수 없고 당사자가 RPC를 취소했다는 사실이 상대방에게 전파된다.

 Go에서 데드라인과 유사하게 취소 처리(Cancellation)는 WithCancel이라는 내장 함수를 갖는 context 패키지(https://oreil.ly/OTrmY)를 통해 제공된다. gRPC 애플리케이션에서 취소 처리가 호출되면 클라이언트 gRPC 라이브러리는 클라이언트와 서버 애플리케이션 사이의 gRPC 종료를 나타내는 필수 gRPC 헤더를 생성한다.

클라이언트와 서버 애플리케이션 사이의 양방향 스트리밍을 예로 생각해보자. 코드 5-6의 Go 코드 샘플과 같이 context.WithTimeout 호출에서 cancel 함수를 얻을 수 있고, cancel에 대한 참조가 있으면 RPC를 중단하려는 아무 위치에서나 이를 호출할 수 있다.

코드 5-6. gRPC 취소 처리

```
ctx, cancel := context.WithTimeout(context.Background(), 10*time.Second) ❶

streamProcOrder, _ := client.ProcessOrders(ctx) ❷
```

```
_ = streamProcOrder.Send(&wrapper.StringValue{Value:"102"}) ❸
_ = streamProcOrder.Send(&wrapper.StringValue{Value:"103"})
_ = streamProcOrder.Send(&wrapper.StringValue{Value:"104"})

channel := make(chan bool, 1)

go asncClientBidirectionalRPC(streamProcOrder, channel)
time.Sleep(time.Millisecond * 1000)

// RPC 취소
cancel() ❹
log.Printf("RPC Status : %s", ctx.Err()) ❺

_ = streamProcOrder.Send(&wrapper.StringValue{Value:"101"})
_ = streamProcOrder.CloseSend()

<- channel

func asncClientBidirectionalRPC (
        streamProcOrder pb.OrderManagement_ProcessOrdersClient, c chan bool) {
    ...
    combinedShipment, errProcOrder := streamProcOrder.Recv()
    if errProcOrder != nil {
        log.Printf("Error Receiving messages %v", errProcOrder) ❼
    ...
}
```

❶ 취소를 위한 참조를 얻는다.

❷ 스트리밍 RPC를 호출한다.

❸ 스트림을 통해 서비스에 메시지를 보낸다.

❹ 클라이언트에서 RPC를 취소하거나 중단한다.

❺ 현재 콘텍스트의 상태다.

❻ 취소된 콘텍스트에서 메시지를 수신하려고 할 때 콘텍스트 취소 에러를 반환한다.

한 당사자가 RPC를 취소하면 상대방이 콘텍스트를 통해 취소를 확인할 수 있다. 이 예제에서 서버 애플리케이션은 stream.Context().Err() == context.Canceled 를 사용해 현재 콘텍스트가 취소됐는지 여부를 확인한다.

데드라인과 취소 처리 적용을 통해 알 수 있듯이 RPC에서 에러를 처리하는 것은 매우 일반적인 요구 사항이다. 다음 절에서는 gRPC 에러 처리 기술을 자세히 살펴본다.

에러 처리

gRPC를 호출하면 클라이언트는 성공 상태의 응답을 받거나 에러 상태를 갖는 에러를 받는다. 클라이언트 애플리케이션은 발생 가능한 모든 에러와 에러 상태를 처리하는 방식으로 작성해야 한다. 서버 애플리케이션도 에러를 처리하고 해당 상태 코드로 적절한 에러를 생성해야 한다.

에러가 발생하면 gRPC는 에러 상태의 자세한 정보를 제공하는 선택적 에러 메시지와 함께 에러 상태error-status 코드를 반환한다. 상태 객체는 다른 언어에 대한 모든 gRPC 구현에 공통적인 정수 코드와 문자열 메시지로 구성된다.

gRPC는 잘 정의된 gRPC 관련 상태 코드들을 사용하며, 다음과 같은 상태 코드가 포함된다.

OK

성공적인 상태로 에러가 없다.

CANCELLED

처리가 취소됐으며, 일반적으로 호출자에 의해 호출된다.

DEADLINE_EXCEEDED

처리가 완료되기 전에 데드라인이 만료된다.

INVALID_ARGUMENT

클라이언트가 유효하지 않은 인자를 지정한다.

표 5-1는 사용 가능한 gRPC 에러 코드와 각 에러 코드를 설명한다. 에러 코드의 전체 목록은 gRPC 공식 문서(https://oreil.ly/LiNLn), Go 언어 문서(https://oreil.ly/E61Q0), 자바 문서(https://oreil.ly/Ugtg0)에서 확인할 수 있다.

표 5-1. gRPC 에러 코드

코드	숫자	설명
OK	0	성공 상태
CANCELLED	1	처리가 취소됨(호출자에 의해)
UNKNOWN	2	알 수 없는 에러
INVALID_ARGUMENT	3	클라이언트에 의해 유효하지 않은 인수 지정
DEADLINE_EXCEEDED	4	처리 완료 전 데드라인 만료
NOT_FOUND	5	일부 요청 엔티티를 찾을 수 없음
ALREADY_EXISTS	6	클라이언트가 생성하고자 하는 엔티티가 이미 존재
PERMISSION_DENIED	7	호출자가 지정한 처리의 실행 권한 없음
UNAUTHENTICATED	16	요청 처리에 대한 유효한 인증 자격증명 없음
RESOURCE_EXHAUSTED	8	일부 리소스가 소진됨
FAILED_PRECONDITION	9	시스템이 처리 실행에 필요한 상태가 아니기에 작업이 거부됨
ABORTED	10	처리가 중단됨
OUT_OF_RANGE	11	처리가 유효한 범위를 초과해 시도됨
UNIMPLEMENTED	12	이 서비스에서 처리가 구현되지 않았거나 지원/활성화되지 않음
INTERNAL	13	내부 에러
UNAVAILABLE	14	현재 서비스를 사용할 수 없음
DATA_LOSS	15	복구할 수 없는 데이터 손실이나 손상

gRPC와 함께 제공되는 에러 모델은 기본적으로 gRPC 데이터 형식(가장 일반적인 형식은 프로토콜 버퍼 형식임)과 무관하며 매우 제한적이다. 프로토콜 버퍼를 데이터 형식으로 사용하는 경우 **google.rpc** 패키지의 Google API가 제공하는 더 풍부한 에러 모델을 활용할 수 있다. 그러나 이 에러 모델은 C++, Go, 자바, 파이썬, 루비 라이브러리에서만 지원되므로 다른 언어를 사용하려는 경우에는 유의해야 한다.

실제 gRPC 에러 처리 유스케이스에서 에러 처리 개념을 어떻게 사용할 수 있는지 살펴보자. 주문 관리 예제에서 **AddOrder** 원격 메서드 호출 시 잘못된 주문 ID로 요청이 들어올 수 있다고 가정하자. 이에 대한 예제는 코드 5-7과 같이 주어진 주문 ID가 −1이면 에러를 생성해 소비자에게 반환한다고 가정한다.

코드 5-7. 서버에서의 에러 생성과 전파

```
if orderReq.Id == "-1" { ❶
    log.Printf("Order ID is invalid! -> Received Order ID %s",
            orderReq.Id)

    errorStatus := status.New(codes.InvalidArgument,
            "Invalid information received") ❷
    ds, err := errorStatus.WithDetails( ❸
            &epb.BadRequest_FieldViolation{
        Field:"ID",
        Description: fmt.Sprintf(
                "Order ID received is not valid %s : %s",
                orderReq.Id, orderReq.Description),
        },
    )
    if err != nil {
        return nil, errorStatus.Err()
    }

    return nil, ds.Err() ❹
```

```
    }
    ...
```

---

❶ 잘못된 요청으로, 에러를 생성해 클라이언트로 돌려보내야 한다.

❷ 에러 코드 InvalidArgument를 사용해 새 에러 상태를 만든다.

❸ google.golang.org/genproto/googleapis/rpc/errdetails의 에러 타입인 BadRequest_FieldViolation과 함께 에러 세부 사항을 포함한다.

❹ 생성된 에러를 반환한다.

에러 코드와 세부 사항을 사용해 grpc.status 패키지에서 에러 상태를 간단하게 만들 수 있다. 위 예에서는 status.New(codes.InvalidArgument, "Invalid information received")를 사용했고, 이 에러를 return nil, errorStatus.Err()과 함께 클라이언트로 다시 보낸다. 게다가 좀 더 풍부한 에러 모델을 포함하고자 Google API의 google.rpc 패키지를 사용할 수 있다. 이 예에서는 google.golang.org/genproto/googleapis/rpc/errdetails에서 특정 에러 타입으로 에러 세부 사항을 설정한다.

클라이언트에서의 에러 처리는 RPC 호출의 일부로, 반환된 에러를 처리하면 된다. 예를 들어 코드 5-8에서 주문 관리 예제에 대한 클라이언트 애플리케이션의 Go 구현을 확인할 수 있다. 여기서 AddOrder 메서드를 호출하고 반환된 에러를 addOrderError 변수에 저장한다. 다음 단계는 addOrderError의 결과를 검사하고 에러를 적정히 처리하는 것이다. 이를 통해 서버에서 지정한 에러 코드와 세부 에러 타입을 얻을 수 있다.

```
order1 := pb.Order{Id: "-1",
        Items:[]string{"iPhone XS", "Mac Book Pro"},
        Destination:"San Jose, CA", Price:2300.00} ❶
res, addOrderError := client.AddOrder(ctx, &order1) ❷

if addOrderError != nil {
    errorCode := status.Code(addOrderError) ❸
    if errorCode == codes.InvalidArgument { ❹
        log.Printf("Invalid Argument Error : %s", errorCode)
        errorStatus := status.Convert(addOrderError) ❺
        for _, d := range errorStatus.Details() {
            switch info := d.(type) {
                case *epb.BadRequest_FieldViolation: ❻
                    log.Printf("Request Field Invalid: %s", info)
                default:
                    log.Printf("Unexpected error type: %s", info)
            }
        }
    } else {
        log.Printf("Unhandled error : %s ", errorCode)
    }
} else {
    log.Print("AddOrder Response -> ", res.Value)
}
```

❶ 잘못된 주문 정보다.

❷ AddOrder 원격 메서드를 호출하고 에러를 addOrderError에 지정한다.

❸ grpc/status 패키지를 사용해 에러 코드를 얻는다.

❹ InvalidArgument 에러 코드를 확인한다.

❺ 에러 정보에서 에러 상태를 확인한다.

❻ BadRequest_FieldViolation 에러 타입을 확인한다.

gRPC 애플리케이션에 가능하면 적절한 gRPC 에러 코드와 더 풍부한 에러 모델을 사용하는 것이 좋다. gRPC 에러 상태와 세부 사항은 일반적으로 전송 프로토콜 레벨에서 트레일러 헤더를 통해 전송된다.

이제 동일한 gRPC 서버 런타임에서 서비스 호스팅 메커니즘인 멀티플렉싱을 살펴보자.

멀티플렉싱

gRPC 서비스 및 클라이언트 애플리케이션과 관련해 지금까지는 하나의 gRPC 서비스가 등록되고 gRPC 클라이언트 연결이 하나의 클라이언트 스텁에서만 사용되는 gRPC 서버를 살펴봤다. 그러나 gRPC를 사용하면 동일한 gRPC 서버에서 여러 gRPC 서비스를 실행할 수 있고(그림 5-4 참고), 여러 gRPC 클라이언트 스텁에 동일한 gRPC 클라이언트 연결을 사용할 수 있다. 이 기능을 멀티플렉싱multiplexing이라고 한다.

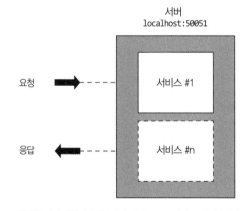

그림 5-4. 동일한 서버 애플리케이션에서 여러 gRPC 서비스 멀티플렉싱 처리

예를 들어 OrderManagement 서비스 예에서는 하나의 gRPC 서버에서 주문 관리 목적에 필요한 다른 서비스를 실행해 클라이언트 애플리케이션이 동일한 연결을 재사용해서 두 서비스를 모두 호출할 수 있다고 가정하자. 이 경우 각각의 서버 등록 기능(예, ordermgt_pb.RegisterOrderManagementServer와 hello_pb.RegisterGreeterServer)을 통해 두 서비스를 동일한 gRPC 서버에 등록할 수 있다. 이런 방법으로 동일한 gRPC 서버에 하나 이상의 gRPC 서비스를 등록하는 것이다(코드 5-9 참고).

코드 5-9. 동일한 grpc.Server를 공유하는 두 개의 gRPC 서비스

```go
func main() {
    initSampleData()
    lis, err := net.Listen("tcp", port)
    if err != nil {
        log.Fatalf("failed to listen: %v", err)
    }
    grpcServer := grpc.NewServer() ❶

    // gRPC orderMgtServer에 주문 관리 서비스 등록
    ordermgt_pb.RegisterOrderManagementServer(grpcServer, &orderMgtServer{}) ❷

    // gRPC orderMgtServer에 Greeter 서비스 등록
    hello_pb.RegisterGreeterServer(grpcServer, &helloServer{}) ❸

    ...
}
```

❶ gRPC 서버를 생성한다.

❷ gRPC 서버에 OrderManagement 서비스를 등록한다.

❸ 동일한 gRPC 서버에 Hello 서비스를 등록 한다.

마찬가지로 클라이언트에서도 두 gRPC 클라이언트 스텁들이 동일한 gRPC 연결을 공유할 수 있다.

164

코드 5-10과 같이 두 gRPC 서비스가 하나의 gRPC 서버에서 실행 중이면 하나의 gRPC 연결만을 만들어 다른 서비스에 대한 gRPC 클라이언트 인스턴스를 만들 때에 함께 사용할 수 있다.

코드 5-10. 동일한 `grpc.ClientCon`을 공유하는 두 개의 gRPC 클라이언트 스텁

```go
// 서버에 대한 연결을 설정한다.
conn, err := grpc.Dial(address, grpc.WithInsecure()) ❶
...

orderManagementClient := pb.NewOrderManagementClient(conn) ❷
...

// Add Order RPC
...
res, addErr := orderManagementClient.AddOrder(ctx, &order1)
...

helloClient := hwpb.NewGreeterClient(conn) ❸
...

// Say hello RPC
helloResponse, err := helloClient.SayHello(hwcCtx,
        &hwpb.HelloRequest{Name: "gRPC Up and Running!"})
...
```

❶ gRPC 연결을 생성한다.

❷ 생성된 gRPC 연결을 사용해 `OrderManagement` 클라이언트를 생성한다.

❸ 동일한 gRPC 연결을 사용해 `Hello` 서비스 클라이언트를 생성한다.

여러 서비스를 실행하거나 여러 스텁 간 동일한 연결을 사용하는 것은 gRPC 개념과 상관없는 설계^{design} 선택의 문제다. 마이크로서비스와 같은 대부분의 일반적인 사례에서는 두 서비스 간에 동일한 gRPC 서버 인스턴스를 공유하지 않는다.

마이크로서비스 아키텍처에서 gRPC 멀티플렉싱의 강력한 용도 중 하나는 한 서버 프로세스에서 동일한 서비스의 여러 주요 버전을 호스팅하는 것이다. 이를 통해 API 변경 후 서비스가 레거시 클라이언트를 수용할 수 있다. 그리고 서비스 계약에 대한 이전 버전이 더 이상 사용되지 않으면 서버에서 제거하면 된다.

다음 절에서는 클라이언트와 서비스 애플리케이션 사이에 RPC 파라미터나 응답이 아닌 데이터를 교환하는 방법을 알아보자.

메타데이터

gRPC 애플리케이션은 일반적으로 gRPC 서비스와 소비자 사이의 RPC 호출을 통해 정보를 공유한다. 대부분의 경우 서비스의 비즈니스 로직 및 소비자와 직접 관련된 정보는 원격 메서드 호출 인자의 일부다. 그러나 특정 조건에서 RPC의 비즈니스 콘텍스트와 관련이 없는 RPC 호출 정보를 공유할 수 있는데, RPC 인자의 일부가 돼서는 안 된다. 이런 경우는 gRPC 서비스나 gRPC 클라이언트에서 보내거나 받을 수 있는 gRPC 메타데이터^{metadata}를 사용할 수 있다. 그림 5-5와 같이 gRPC 헤더를 사용해 클라이언트나 서버에서 생성한 메타데이터를 클라이언트와 서버 애플리케이션 간에 교환할 수 있다. 메타데이터는 키(문자열)/값에 대한 목록 형식으로 구성된다.

메타데이터의 가장 일반적인 사용은 gRPC 애플리케이션 간에 보안 헤더를 교환하는 것이다. 마찬가지로 gRPC 애플리케이션 사이에 임의의 정보를 교환하는 데도 사용할 수 있고, gRPC 메타데이터 API는 개발되는 인터셉터 내부에서 많이 사용된다. 다음 절에서는 gRPC가 클라이언트와 서버 간에 메타데이터 전송을 지원하는 방법을 살펴본다.

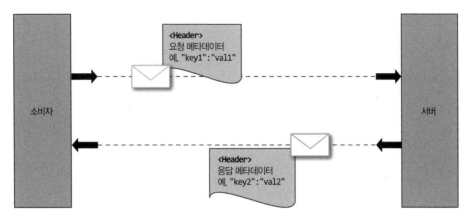

그림 5-5. 클라이언트와 서버 애플리케이션 간 gRPC 메타데이터 교환

메타데이터 생성과 조회

gRPC 애플리케이션에서 메타데이터 생성은 매우 간단하다. 다음 Go 코드에 메타데이터를 생성하는 두 가지 방법이 있다. 메타데이터는 Go에서 일반 맵^{map}으로 표현되며 metadata.New(map[string]string{"key1": "val1", "key2": "val2"}) 형식으로 만들어진다. 아울러 metadata.Pairs를 사용해 메타데이터를 쌍으로 만들 수 있는데, 동일한 키를 가진 메타데이터가 목록으로 합쳐진다.

```go
// 메타데이터 생성: 방법 I
md := metadata.New(map[string]string{"key1": "val1", "key2": "val2"})

// 메타데이터 생성: 방법 II
md := metadata.Pairs(
    "key1", "val1",
    "key1", "val1-2", // "key1"는 []string{"val1", "val1-2"} 맵 값을 가짐
    "key2", "val2",
)
```

바이너리 데이터를 메타데이터 값으로 설정할 수도 있는데, 메타데이터로 설정한 바이너리 데이터는 전송 전에 base64로 인코딩되고 전송 후 다시 디코딩된다.

클라이언트나 서버에서 메타데이터를 읽으려면 metadata.FromIncomingContext (ctx)와 함께 RPC 호출의 수신 콘텍스트를 사용해 수행할 수 있는데, Go 언어의 경우에는 메타데이터에 대한 맵을 반환한다.

```go
func (s *server) AddOrder(ctx context.Context, orderReq *pb.Order)
    (*wrappers.StringValue, error) {

  md, metadataAvailable := metadata.FromIncomingContext(ctx)
  // 'md' 메타데이터 맵에서 필요한 메타데이터를 읽는다.
```

이제 각각 단일 RPC와 스트리밍 RPC 스타일에서 메타데이터 전송과 수신이 클라이언트나 서버에서 어떻게 처리되는지 살펴보자.

메타데이터 전송과 수신: 클라이언트 측

메타데이터를 생성하고 RPC 호출 콘텍스트에 지정함으로써 클라이언트에서 gRPC 서비스로 메타데이터를 보낼 수 있는데, Go 구현에서는 두 가지 방법으로 이 작업을 수행한다. 코드 5-11과 같이 NewOutgoingContext를 사용해 새 콘텍스트를 생성하면서 새 메타데이터를 생성하거나 AppendToOutgoingContext를 사용해 기존 콘텍스트에 메타데이터를 추가할 수 있다. 다만 NewOutgoingContext를 사용하면 콘텍스트의 기존 메타데이터가 대체된다. 이제 필요한 메타데이터로 콘텍스트를 작성하면 단일 RPC나 스트리밍 RPC에 사용할 수 있다. 4장에서 설명한 대로 콘텍스트에서 설정한 메타데이터는 gRPC 헤더(HTTP/2)나 트레일러 레벨로 변환되기 때문에 클라이언트가 해당 헤더를 보내면 수신자가 헤더로 수신한다.

코드 5-11. gRPC 클라이언트에서 메타데이터 전송

```go
md := metadata.Pairs(
    "timestamp", time.Now().Format(time.StampNano),
    "kn", "vn",
) ❶
mdCtx := metadata.NewOutgoingContext(context.Background(), md) ❷

ctxA := metadata.AppendToOutgoingContext(mdCtx,
        "k1", "v1", "k1", "v2", "k2", "v3") ❸

// 단일 RPC 만들기
response, err := client.SomeRPC(ctxA, someRequest) ❹

// 또는 스트리밍 RPC 만들기
stream, err := client.SomeStreamingRPC(ctxA) ❺
```

❶ 메타데이터를 생성한다.

❷ 새로운 메타데이터로 신규 콘텍스트를 만든다.

❸ 기존 콘텍스트에 더 많은 메타데이터를 추가한다.

❹ 메타데이터와 함께 새로운 콘텍스트를 사용하는 단일 RPC다.

❺ 스트리밍 RPC에도 동일한 콘텍스트를 사용할 수 있다.

따라서 클라이언트로부터의 메타데이터를 수신할 때는 헤더나 트레일러로 취급해야 한다. 코드 5-12는 단일 RPC와 스트리밍 RPC 스타일 모두의 메타데이터 수신에 대한 Go 코드의 예다.

코드 5-12. gRPC 클라이언트에서의 메타데이터 읽기

```go
var header, trailer metadata.MD ❶

// ***** 단일 RPC *****
```

```
r, err := client.SomeRPC( ❷
    ctx,
    someRequest,
    grpc.Header(&header),
    grpc.Trailer(&trailer),
)

// 여기서 헤더와 트레일러 맵을 처리한다.

// ***** 스트리밍 RPC *****

stream, err := client.SomeStreamingRPC(ctx)

// 헤더를 조회
header, err := stream.Header() ❸

// 트레일러 조회
trailer := stream.Trailer() ❹

// 여기서 헤더와 트레일러 맵을 처리한다.
```

❶ RPC 호출에서 반환될 헤더와 트레일러를 저장하는 변수다.

❷ 단일 RPC에 대해 반환되는 값을 저장하려면 헤더와 트레일러 참조를 전달해야
한다.

❸ 스트림에서 헤더를 가져온다.

❹ 스트림에서 트레일러를 가져온다. 트레일러는 상태 코드와 상태 메시지를 보
내는 데 사용된다.

각 RPC 처리에서 메타데이터 값을 가져오면 이를 일반 맵으로 필요한 메타데이터
를 처리할 수 있다.

이제 서버에서의 메타데이터 처리를 알아보자.

메타데이터 전송과 수신: 서버 측

서버에서 메타데이터를 수신하는 것도 매우 간단하다. Go를 사용하면 원격 메서드 구현에서 `metadata.FromIncomingContext(ctx)`를 사용해 메타데이터를 간단히 얻을 수 있다(코드 5-13 참고).

코드 5-13. gRPC 서버에서의 메타데이터 읽기

```
func (s *server) SomeRPC(ctx context.Context,
        in *pb.someRequest) (*pb.someResponse, error) { ❶
    md, ok := metadata.FromIncomingContext(ctx) ❷
    // 메타데이터 활용
}

func (s *server) SomeStreamingRPC(
        stream pb.Service_SomeStreamingRPCServer) error { ❸
    md, ok := metadata.FromIncomingContext(stream.Context()) ❹
    // 메타데이터 활용
}
```

❶ 단일 RPC다.

❷ 원격 메서드의 수신 콘텍스트에서 메타데이터 맵을 읽는다.

❸ 스트리밍 RPC다.

❹ 스트림에서 콘텍스트를 가져와 메타데이터를 읽는다.

서버에서 메타데이터를 보내려면 메타데이터가 있는 헤더를 보내거나 메타데이터가 있는 트레일러를 지정한다. 메타데이터 생성 방법은 앞 절에서 설명한 것과 같고, 코드 5-14는 서버 측 단일 및 스트리밍 원격 메서드 구현에서 메타데이터를 전송하는 Go 코드 예다.

코드 5-14. gRPC 서버에서 메타데이터 전송

```go
func (s *server) SomeRPC(ctx context.Context,
        in *pb.someRequest) (*pb.someResponse, error) {
    // 헤더 생성과 전송
    header := metadata.Pairs("header-key", "val")
    grpc.SendHeader(ctx, header) ❶
    // 트레일러 생성과 지정
    trailer := metadata.Pairs("trailer-key", "val")
    grpc.SetTrailer(ctx, trailer) ❷
}

func (s *server) SomeStreamingRPC(stream pb.Service_SomeStreamingRPCServer) error {
    // 헤더 생성과 전송
    header := metadata.Pairs("header-key", "val")
    stream.SendHeader(header) ❸
    // 트레일러 생성과 지정
    trailer := metadata.Pairs("trailer-key", "val")
    stream.SetTrailer(trailer) ❹
}
```

❶ 메타데이터를 헤더로 보낸다.

❷ 트레일러와 함께 메타데이터를 보낸다.

❸ 스트림에서 메타데이터를 헤더로 보낸다.

❹ 스트림의 트레일러와 함께 메타데이터를 보낸다.

단일 및 스트리밍 모두에서 grpc.SendHeader 메서드를 사용해 메타데이터를 보낼 수 있다. 트레일러의 일부로 메타데이터를 보내려면 해당 스트림의 grpc. SetTrailer나 SetTrailer 메서드를 사용해 콘텍스트의 트레일러 일부로 메타데이터를 설정해야 한다.

다음으로 gRPC 애플리케이션을 호출할 때 일반적으로 사용되는 기술인 네임 리졸빙^{name resolving}을 알아보자.

네임 리졸버

네임 리졸버^{name resolver}는 서비스 이름에 대한 백엔드 IP의 목록을 반환한다. 코드 5-15에서 사용된 리졸버는 lb.example.grpc.io를 localhost:50051과 localhost:50052로 변환한다.

코드 5-15. Go에서의 gRPC 네임 리졸버 구현

```
const (
    exampleSchema      = "example"
    exampleServiceName = "lb.example.grpc.io"
)
var addrs = []string{"localhost:50051", "localhost:50052"}
...

type exampleResolverBuilder struct{} ❶

func (*exampleResolverBuilder) Build(target resolver.Target,
        cc resolver.ClientConn,
        opts resolver.BuildOptions) (resolver.Resolver, error) {

    r := &exampleResolver{ ❷
        target:    target,
        cc:        cc,
        addrsStore: map[string][]string{
            exampleServiceName: addrs, ❸
        },
    }
    r.start()
    return r, nil
}
```

```go
func (*exampleResolverBuilder) Scheme() string { return exampleScheme } ❹

type exampleResolver struct { ❺
    target      resolver.Target
    cc          resolver.ClientConn
    addrsStore  map[string][]string
}

func (r *exampleResolver) start() {
    addrStrs := r.addrsStore[r.target.Endpoint]
    addrs := make([]resolver.Address, len(addrStrs))
    for i, s := range addrStrs {
        addrs[i] = resolver.Address{Addr: s}
    }
    r.cc.UpdateState(resolver.State{Addresses: addrs})
}

func (*exampleResolver) ResolveNow(o resolver.ResolveNowOptions) {}

func (*exampleResolver) Close() {}

func init() {
    resolver.Register(&exampleResolverBuilder{})
}
```

❶ 리졸버를 생성하는 네임 리졸버 빌더^{builder}다.

❷ lb.example.grpc.io를 변환하는 예제 리졸버를 생성한다.

❸ lb.example.grpc.io를 localhost:50051과 localhost:50052로 변환한다.

❹ 이 리졸버는 스키마 예제를 위해 생성된다.

❺ 네임 리졸버의 구조체다.

아울러 이 네임 리졸버 구현을 기반으로 칸설^{Consul}(https://www.consul.io), 에티시디^{etcd}(https://etcd.io), 주키퍼^{Zookeeper}(https://zookeeper.apache.org)와 같은 모든 서

비스 레지스트리에 대해 리졸버를 구현할 수 있다. 그리고 gRPC 로드밸런싱 요구 사항은 사용되는 배포 패턴^{deployment patterns}이나 적용 사례에 따라 매우 달라질 수 있다. 쿠버네티스와 같은 컨테이너 오케스트레이션^{container orchestration} 플랫폼이나 서비스 메시^{mesh}와 같은 더 높은 수준의 추상화 채택이 증가함에 따라 클라이언트 측에서 로드밸런싱 로직을 직접 구현해야 하는 경우는 매우 드물다. 7장에서는 컨테이너와 쿠버네티스에 로컬로 gRPC 애플리케이션을 배포하기 위한 사례를 살펴본다.

이제 gRPC 애플리케이션의 가장 일반적인 요구 사항 중 하나인 로드밸런싱을 알아보는데, 이 상황에서는 네임 리졸버를 사용해야 한다.

로드밸런싱

상품 수준의 gRPC 애플리케이션을 개발할 때는 애플리케이션이 고가용성^{high availability}과 확장성^{scalability} 요구를 충족시킬 수 있게 해야 한다. 이는 실제 서비스 환경에서 항상 둘 이상의 gRPC 서버를 실행해야 하는 것이다. 따라서 서비스들 사이에 RPC 호출을 분산시키려면 일부 엔티티^{entity}에서 처리해야 하는데, 이것이 로드밸런싱의 역할이다. gRPC에는 일반적으로 로드밸런서 프록시^{load-balancer proxy, LB proxy}와 클라이언트 측 로드밸런싱^{client-side load balancing}이라는 두 가지 주요 로드밸런싱 메커니즘이 사용된다. 우선 LB 프록시를 알아보자.

로드밸런서 프록시

프록시 로드밸런싱(그림 5-6)에서는 클라이언트가 LB 프록시에 RPC를 요청한다. 그런 다음 LB 프록시는 호출을 처리하는 실제 로직을 구현한 사용 가능한 백엔드 gRPC 서버 중 하나에게 RPC 호출을 분배한다. LB 프록시는 각 백엔드 서버의 로드

load를 추적하고, 백엔드 서비스 간에 로드를 분배하기 위한 다양한 로드밸런싱 알고리즘을 제공한다.

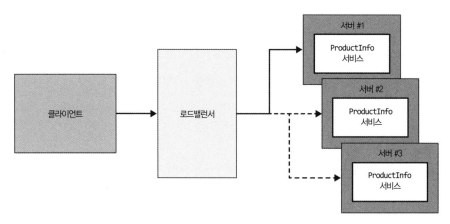

그림 5-6. 클라이언트 애플리케이션이 여러 gRPC 서비스를 지원하는 로드밸런서를 호출

백엔드 서비스의 토폴로지topology는 gRPC 클라이언트에 공개되지 않으며, 클라이언트는 로드밸런서의 엔드포인트만 알고 있다. 따라서 클라이언트에서는 로드밸런서의 엔드포인트를 모든 gRPC 연결로 사용하는 것 외에는 로드밸런싱 사용 사례에 맞게 변경될 필요는 없다. 백엔드 서비스는 로드밸런싱 로직에 해당 정보를 사용할 수 있도록 로드 상태를 로드밸런서에 다시 알릴 수 있다.

이론적으로 gRPC 애플리케이션의 LB 프록시로 HTTP/2를 지원하는 모든 로드밸런서를 선택할 수 있다. 그러나 온전히 HTTP/2 지원이 있어야 하기에 gRPC를 명시적으로 지원하는 로드밸런서를 선택하는 것이 좋다. 예를 들어 엔진엑스Nginx(https://oreil.ly/QH_1c), 엔보이 프록시Emvoy proxy(https://www.envoyproxy.io) 등과 같은 로드밸런싱 솔루션을 gRPC 애플리케이션의 LB 프록시로 사용할 수 있다.

따로 gRPC 로드밸런서를 사용하지 않으면 작성하는 클라이언트 애플리케이션의 일부로 로드밸런싱 로직을 구현할 수 있다. 다음으로 클라이언트 측 로드밸런싱을 자세히 살펴보자.

176

클라이언트 측 로드밸런싱

로드밸런싱을 위한 별도의 중간 프록시 계층을 갖는 대신 gRPC 클라이언트 레벨에서 로드밸런싱 로직을 구현할 수 있다. 이 방법에서 클라이언트는 여러 백엔드 gRPC 서버를 인식하고 각 RPC에 사용할 하나의 서버를 선택한다. 그림 5-7에서 보여주는 것처럼 로드밸런싱 로직은 클라이언트 애플리케이션(씩Thick 클라이언트[2])의 일부로 개발되거나 룩어사이드lookaside 로드밸런서라고 하는 전용 서버에서 구현될 수 있다. 이 경우 클라이언트는 연결할 최상의 gRPC 서버를 얻고자 질의query할 수 있고, 클라이언트는 룩어사이드 로드밸런서에서 얻은 gRPC 서버 주소에 직접 연결한다.

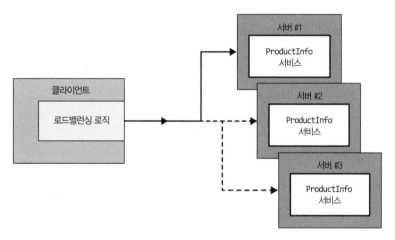

그림 5-7. 클라이언트 측 로드밸런싱

클라이언트 측 로드밸런싱을 구현하는 방법을 이해하고자 Go 언어를 사용해 구현된 씩 클라이언트의 예를 살펴보자. 이 예에서는 두 개의 백엔드 gRPC 서비스가 에코 서버의 :50051과 :50052에서 실행된다고 가정한다. 해당 gRPC 서비스에는 RPC 응답의 일부로 서버의 서비스 주소가 포함되기 때문에 이 두 서버를 에코

---

2. 일반적으로 팻(fat) 클라이언트라고 한다. – 옮긴이

gRPC 서비스 클러스터의 두 구성원으로 간주할 수 있다. 이제 gRPC 서버 엔드포인트를 선택할 때 라운드로빈^{round-robin}(차례대로 실행되는) 알고리즘을 사용하는 gRPC 클라이언트 애플리케이션과 서버 엔드포인트 목록의 첫 번째 엔드포인트를 사용하는 다른 클라이언트를 구축한다고 가정해보자. 코드 5-16은 씩 클라이언트 로드밸런싱 구현을 보여주는데, 클라이언트가 example:///lb.example.grpc.io로 연결을 요청하고 있음을 알 수 있다. 즉 example 스키마 이름과 lb.example.grpc.io를 서버 이름으로 사용한다. 이 스키마를 기반으로 백엔드 서비스 주소의 실제 값을 찾고자 네임 리졸버를 찾고, 네임 리졸버가 반환한 주소 값 리스트를 기반으로 gRPC는 해당 서버에 대해 서로 다른 로드밸런싱 알고리즘을 실행한다. 해당 동작은 grpc.WithBalancerName("round_robin")으로 구성된다.

코드 5-16. 씩 클라이언트를 통한 클라이언트 측 로드밸런싱

```
pickfirstConn, err := grpc.Dial(
    fmt.Sprintf("%s:///%s",
            // exampleScheme = "example"
            // exampleServiceName = "lb.example.grpc.io"
            exampleScheme, exampleServiceName), ❶
    // "pick_first"가 기본값이다. ❷
    grpc.WithBalancerName("pick_first"),
    grpc.WithInsecure(),
)
if err != nil {
    log.Fatalf("did not connect: %v", err)
}
defer pickfirstConn.Close()

log.Println("==== Calling helloworld.Greeter/SayHello " +
        "with pick_first ====")
makeRPCs(pickfirstConn, 10)

// round_robin 정책으로 다른 ClientConn을 만든다.
roundrobinConn, err := grpc.Dial(
```

```
        fmt.Sprintf("%s:///%s", exampleScheme, exampleServiceName),
        // "example:///lb.example.grpc.io"
        grpc.WithBalancerName("round_robin"), ❸
        grpc.WithInsecure(),
    )
    if err != nil {
        log.Fatalf("did not connect: %v", err)
    }
    defer roundrobinConn.Close()

    log.Println("==== Calling helloworld.Greeter/SayHello " +
            "with round_robin ====")
    makeRPCs(roundrobinConn, 10)
```

❶ 스키마와 서비스 이름으로 gRPC 연결을 생성한다. 스키마는 클라이언트 애플리케이션의 일부인 스키마 리졸버로부터 조회된다.

❷ 서버 엔드포인트 목록에서 첫 번째 서버를 선택하는 로드밸런싱 알고리즘을 지정한다.

❸ 라운드로빈 로드밸런싱 알고리즘을 사용한다.

gRPC에서는 기본적으로 pick_first와 round_robin 두 가지 로드밸런싱 정책이 지원된다. pick_first는 첫 번째 주소에 연결을 시도하고, 연결되면 모든 RPC에 이를 사용하거나 실패하면 다음 주소를 시도한다. round_robin은 모든 주소에 연결하는데, 한 번에 하나씩 RPC를 각 백엔드에 보낸다.

코드 5-16의 클라이언트 측 로드밸런싱 시나리오에는 example 스키마를 조회하기 위해 네임 리졸버가 있으며, 엔드포인트 URL에 대한 실제 값을 찾는 로직을 포함하고 있다. 다음으로 RPC를 통해 많은 양의 콘텐츠를 전송하기 위해 gRPC에서 일반적으로 사용되는 또 다른 기능인 압축을 살펴보자.

압축

네트워크 대역폭을 효율적으로 사용하기 위해 클라이언트와 서비스 사이에서 RPC가 실행될 때 압축^{compression}을 사용할 수 있다. 클라이언트에서 gRPC 압축 사용은 RPC를 수행할 때 압축기^{compressor}를 설정해 구현한다. 예를 들어 Go에서 `client.AddOrder(ctx, &order1, grpc.UseCompressor(gzip.Name))`를 사용하는 것처럼 간단하다. 여기서 `"google.golang.org/grpc/encoding/gzip"`이 gzip 패키지를 제공한다.

서버에서는 등록된 압축기가 자동으로 요청 메시지를 디코딩하고 응답을 인코딩한다. Go에서 압축기 등록은 `"google.golang.org/grpc/encoding/gzip"` 패키지를 gRPC 서버 애플리케이션에서 간단하게 임포트만 하면 된다. 서버는 항상 클라이언트가 지정한 것과 동일한 압축 방법을 사용해 응답하는데, 해당 압축기가 등록되지 않은 경우 `Unimplemented` 상태가 클라이언트로 반환된다.

요약

상품 수준의 실제 gRPC 애플리케이션을 구축하려면 서비스 인터페이스 정의, 서버와 클라이언트 코드 생성, 비즈니스 로직 구현 외에 다양한 기능을 포함해야 하는 경우가 종종 있다. 5장에서 살펴봤듯이 gRPC는 인터셉터, 데드라인, 취소와 에러 처리를 비롯해 gRPC 애플리케이션을 개발할 때 필요한 다양한 기능을 제공한다.

gRPC 애플리케이션에 보안을 적용하는 방법과 이를 활용하는 방법은 아직 다루지 않았다. 6장에서 이 주제를 자세히 다룬다.

보안 적용 gRPC

gRPC 기반 애플리케이션은 네트워크를 통해 원격으로 서로 통신해야 한다. 이는 각 gRPC 애플리케이션이 진입점^{entry point}을 통신하고자 하는 외부에 노출시켜야 하는데, 보안 관점에서 보면 문제의 소지가 있다. 진입점이 많을수록 공격 범위가 넓어지고 공격 위험이 높아진다. 결론적으로 모든 실제 적용 사례에서는 보안된 통신과 진입점 적용이 필수적이다. 모든 gRPC 애플리케이션은 암호화된 메시지를 처리하고, 모든 중간 노드에서의 통신을 암호화하며, 모든 메시지를 인증과 전자 서명 처리 등을 해야 한다.

6장에서는 애플리케이션 수준의 보안을 적용하는 데 있어 마주칠 수 있는 도전을 해결하기 위한 일련의 보안 기본 사항과 패턴을 다룬다. 간단히 말해 마이크로서비스 간의 통신 채널을 보호하고 사용자의 액세스를 인증 및 제어하는 방법을 알아본다.

우선 통신 채널의 보안부터 시작해보자.

TLS를 사용한 gRPC 채널 인증

TLS^{Transport Level Security}는 통신하는 두 애플리케이션 간에 정보 보호와 데이터 무결성 제공을 목표로 하며, gRPC 클라이언트와 서버 애플리케이션 간 안전한 연결을 제공한다. 전송 수준 보안 프로토콜 사양^{Transport Level Security Protocol Specification}(https://oreil.ly/n4iIE)에 따르면 클라이언트와 서버 간의 연결이 안전한 경우는 다음과 같은 속성 중 하나 이상을 만족시켜야 한다.

연결은 비공개적^{private}이다.

데이터를 암호화하고자 대칭키 암호화^{Symmetric cryptography}를 사용한다. 암호화와 복호화에 하나의 키(비밀키)만 사용되는 암호화 방식으로, 해당 암호화키는 세션 시작 시에 협의된 공유 암호키를 기반으로 각 연결에 대해 고유하게 생성된다.

연결은 신뢰적^{reliable}이다.

각 메시지 전송에 있어 감지되지 않은 데이터 손실이나 변경을 방지하고자 메시지 무결성 검사가 포함되기에 가능하다.

결국 안전한 연결을 통해 데이터를 보내는 것이 중요하다. TLS를 사용한 인증 메커니즘은 gRPC 라이브러리에 포함돼 있기 때문에 이를 사용한 gRPC 보안 연결 적용은 어렵지 않고, 데이터 교환에 대한 인증과 암호화용 TLS 사용은 권장된다.

그러면 어떻게 gRPC 연결에서 전송 수준 보안을 활성화할까? 클라이언트와 서버 간의 안전한 데이터 전송은 단방향이나 양방향(상호 TLS 또는 mTLS라고도 함)으로 구현될 수 있다. 다음 절에서는 각 방법을 활용한 보안 활성화 방법을 알아본다.

단방향 보안 연결 활성화

단방향^{one-way} 연결에서는 클라이언트만 서버 유효성을 검사해 원래 의도된 서버로부터 데이터가 수신됐는지 확인한다. 클라이언트와 서버 간의 연결이 시작되면 서버는 공개 인증서^{public certificate}를 클라이언트와 공유한 다음에 클라이언트는 수신한 인증서의 유효성을 확인한다. 이는 인증기관^{CA, Certificate Authority}을 통해 수행되는데, CA가 전자 서명한 인증서를 통해서다. 그리고 인증서의 유효성이 확인되면 클라이언트는 비밀키^{secret key}를 사용해 암호화된 데이터를 보낸다.

옮긴이의 메모

서버 인증서 유효성 검사가 끝난 후에는 몇 단계를 거처 임의로 생성된 비밀키가 교환되는데, 이 비밀키를 보내고자 서버만이 복호화할 수 있도록 서버의 공개키(public key)로 암호화해 보낸다. 서버의 공개키에 대응되는 개인키(private key)를 갖고 있는 해당 서버만이 암호화된 비밀키를 복호화할 수 있다. 이는 공개키 암호화(Public Key Cryptography) 방식으로 좀 더 자세한 내용은 인터넷 등을 참고하자.

CA는 공개된 네트워크상에서 보안 통신에 사용되는 보안 인증서^{security certificates}와 공개키^{public keys}를 관리하고 발급하는 신뢰할 수 있는 엔터티로, 이 신뢰할 수 있는 엔터티가 서명하거나 발급한 인증서를 CA 서명 인증서^{CA-signed certificates}라고 한다.

TLS를 활성화하려면 먼저 다음과 같은 인증서와 키를 만들어야 한다.

server.key

    서명하고 공개키를 인증하기 위한 RSA 개인키

server.pem/server.crt

    배포를 위한 자체 서명^{self-signed}된 X.509 공개키

RSA는 3명의 발명자인 라이베스트(Rivest), 샤미르(Shamir), 애들먼(Adleman) 이름의 약자를 나타낸다. RSA는 가장 널리 사용되는 공개키 암호화 시스템(public-key cryptosystem) 중 하나며 안전한 데이터 전송에 널리 사용된다. RSA에서는 공개키(모든 사람이 알 수 있음)가 데이터를 암호화하는 데 사용되며, 개인키를 사용해 데이터를 복호화한다. 공개키로 암호화된 메시지는 개인키를 사용해 적절한 시간 안에만 복호화할 수 있다.

키를 생성하고자 TLS와 SSL^{Secure Socket Layer} 프로토콜용 오픈소스 툴킷인 OpenSSL 도구를 사용할 수 있다. 여러 키 크기의 개인키, 암호문^{pass phrase}[1], 공개 인증서 등의

---

1. 일반적인 비밀번호와 달리 여러 단어의 조합을 사용하는 비밀번호를 뜻한다. – 옮긴이

생성을 지원한다. mkcert(https://mkcert.dev), certstrap(https://oreil.ly/Mu4Q6)과 같은 다른 도구도 있으며, 키와 인증서를 쉽게 생성하는 데 사용한다.

이 책에서는 자체 서명된 인증서 방식의 키 생성 방법을 설명하지 않지만, 이에 대한 키와 인증서 생성의 단계별 세부 사항은 소스코드 저장소의 README 파일에 설명돼 있다.

옮긴이의 메모 - 자체 서명 인증서

자체 서명 인증서(self-signed certificate)는 공인된 CA 인증기관에 의해 서명되지 않고, OpenSSL과 같은 보안 툴킷에 의해 자체적으로 만들어지고 서명된 인증서를 말한다. 공개적으로는 인정되지 않기 때문에 주로 테스트나 내부적인 통신에서만 사용한다. 이후 본문에서는 자체 인증된 공개키(self-certificated public key)라는 표현도 이 자체 서명 인증서를 뜻한다(정확히는 인증서 안에 공개키를 포함하고, 그 외 발급자 등의 추가적인 정보를 갖는 것이 인증서다).

개인키와 공개 인증서 모두 생성했다고 가정하고, 1장과 2장에서 다룬 온라인 제품 관리 시스템을 위해 gRPC 서버와 클라이언트 간의 안전한 통신을 사용해보자.

gRPC 서버에서 단방향 보안 연결 사용

단방향 보안은 클라이언트와 서버 사이 통신을 암호화하는 가장 간단한 방법으로, 서버는 공개키/개인키 쌍으로 초기화해야 한다. gRPC Go 서버를 사용해 어떻게 처리되는지 알아보자.

보안이 적용된 Go 서버를 적용하려면 코드 6-1과 같이 서버 구현의 메인 함수를 수정해야 한다.

코드 6-1. ProductInfo 서비스 호스팅을 위한 gRPC 보안 서버 구현

```
package main

import (
```

```
    "crypto/tls"
    "errors"
    pb "productinfo/server/ecommerce"
    "google.golang.org/grpc"
    "google.golang.org/grpc/credentials"
    "log"
    "net"
)

var (
    port = ":50051"
    crtFile = "server.crt"
    keyFile = "server.key"
)

func main() {
    cert, err := tls.LoadX509KeyPair(crtFile,keyFile) ❶
    if err != nil {
        log.Fatalf("failed to load key pair: %s", err)
    }
    opts := []grpc.ServerOption{
        grpc.Creds(credentials.NewServerTLSFromCert(&cert)), ❷
    }

    s := grpc.NewServer(opts...) ❸

    pb.RegisterProductInfoServer(s, &server{}) ❹

    lis, err := net.Listen("tcp", port) ❺
    if err != nil {
        log.Fatalf("failed to listen: %v", err)
    }

    if err := s.Serve(lis); err != nil { ❻
        log.Fatalf("failed to serve: %v", err)
    }
}
```

❶ 공개/개인키 쌍을 읽어 파싱하고 TLS를 사용할 수 있는 인증서를 생성한다.

❷ TLS 서버 자격증명으로 인증서를 추가해 들어오는 모든 연결을 위해 TLS를 활성화한다.

❸ TLS 서버 자격증명을 전달해 새 gRPC 서버 인스턴스를 만든다.

❹ 생성된 API를 호출해 새로 생성된 gRPC 서버에 구현된 서비스를 등록한다.

❺ 지정된 포트(50051)로 TCP 리스너^{listener}를 생성한다.

❻ gRPC 서버를 리스너에 바인딩하고 해당 포트(50051)에서 수신 메시지를 리스닝^{listening}한다.

지금까지 서버 인증서를 검증할 수 있는 클라이언트의 요청을 수락하도록 서버를 수정했다. 이제 이 서버와 대화하기 위한 클라이언트 코드를 수정해보자.

gRPC 클라이언트에서 단방향 보안 연결 사용

클라이언트를 연결하려면 클라이언트에 서버의 자체 인증^{self-certified} 공개키가 있어야 하며, 코드 6-2와 같이 Go 클라이언트 코드를 수정해 서버에 연결해야 한다.

코드 6-2. gRPC 보안 클라이언트 애플리케이션

```
package main

import (
    "log"

    pb "productinfo/server/ecommerce"
    "google.golang.org/grpc/credentials"
    "google.golang.org/grpc"
)

var (
```

```
        address = "localhost:50051"
        hostname = "localhost"
        crtFile = "server.crt"
)

func main() {
    creds, err := credentials.NewClientTLSFromFile(crtFile, hostname) ❶
    if err != nil {
        log.Fatalf("failed to load credentials: %v", err)
    }
    opts := []grpc.DialOption{
        grpc.WithTransportCredentials(creds), ❷
    }

    conn, err := grpc.Dial(address, opts...) ❸
    if err != nil {
        log.Fatalf("did not connect: %v", err)
    }
    defer conn.Close() ❺
    c := pb.NewProductInfoClient(conn) ❹

    .... // RPC 메서드 호출 생략
}
```

❶ 공개 인증서를 읽어 파싱하고 TLS를 사용할 수 있는 인증서를 생성한다.

❷ 전송 자격증명을 DialOption으로 추가한다.

❸ 다이얼 옵션을 전달해 서버와의 안전한 연결을 설정한다.

❹ 연결을 지정해 스텁을 생성한다. 이 스텁 인스턴스에는 서버를 호출하기 위한 모든 원격 메서드가 포함돼 있다.

❺ 모든 처리가 끝나면 연결을 닫는다.

이 과정은 매우 간단한데, 세 줄을 추가하고 원래 코드에서 한 줄만 수정하면 된다. 먼저 서버 공개키 파일에서 자격증명 객체를 만든 다음 전송 자격증명을 gRPC 다이얼러로 전달한다. 이렇게만 하면 클라이언트가 서버와 연결을 설정할 때마다 TLS 핸드셰이크[handshake][2]가 시작된다.

단방향 TLS에서는 서버의 자격만 인증한다. 이제 다음 절에서 양 당사자(클라이언트와 서버) 인증을 알아본다.

mTLS 보안 연결 활성화

클라이언트와 서버 간 mTLS 연결의 주요 목적은 서버에 연결하는 클라이언트를 제어하는 것이다. 단방향 TLS 연결과 달리 서버는 검증된 클라이언트의 제한된 그룹에서의 연결만을 수락하도록 구성된다. 여기서 두 당사자는 공개 인증서를 서로 공유하고 다른 당사자의 유효성을 검증한다. 연결의 기본 흐름은 다음과 같이 이뤄진다.

1. 클라이언트는 서버의 보호된 정보에 액세스하기 위한 요청을 보낸다.

2. 서버는 X.509 인증서를 클라이언트로 보낸다.

3. 클라이언트는 CA 서명 인증서에 대해 CA를 통해 수신된 인증서의 유효성을 검사한다.

4. 확인에 성공하면 클라이언트는 인증서를 서버로 보낸다.

5. 서버도 CA를 통해 클라이언트 인증서를 검증한다.

6. 성공하면 서버는 보호된 데이터에 액세스할 수 있는 권한을 부여한다.

---

2. 연결 초기에 SSL 인증서를 교환하고 암호 알고리즘에 대한 요구 사항과 세션 키 생성을 위해 임의로 생성된 데이터 등을 교환하는 일련의 가정을 뜻한다. – 옮긴이

현재 예제에 mTLS를 적용하려면 클라이언트와 서버 인증서 사용 방법을 알아야 한다. 자체 서명된 인증서로 CA를 생성하고 클라이언트와 서버 모두에 대한 인증서 서명 요청을 생성해야 하며, CA를 사용해 전자 서명해야 한다. 이전 단방향 보안 연결에서와 같이 OpenSSL 도구를 사용해 키와 인증서를 생성할 수 있다.

클라이언트-서버 통신에 mTLS를 활성화하는 데 필요한 모든 인증서가 있다고 가정하자. 올바르게 생성됐다면 다음과 같은 키와 인증서를 갖고 있을 것이다.

server.key

서버의 RSA 개인키

server.crt

서버의 공개 인증서

client.key

클라이언트의 RSA 개인키

client.crt

클라이언트의 공개 인증서

ca.crt

모든 공개 인증서를 서명하는 데 사용되는 CA의 공개 인증서

먼저 예제의 서버 코드를 수정해 X.509 키 쌍을 직접 만들고 CA 공개키를 기반으로 인증서 풀^{pool}을 만든다.

gRPC 서버에서 mTLS 활성화

Go 서버에서 mTLS를 활성화하려면 코드 6-3과 같이 서버 구현의 메인 함수를 수정할 필요가 있다.

```go
package main

import (
    "crypto/tls"
    "crypto/x509"
    "errors"
    pb "productinfo/server/ecommerce"
    "google.golang.org/grpc"
    "google.golang.org/grpc/credentials"
    "io/ioutil"
    "log"
    "net"
)

var (
    port = ":50051"
    crtFile = "server.crt"
    keyFile = "server.key"
    caFile = "ca.crt"
)

func main() {
    certificate, err := tls.LoadX509KeyPair(crtFile, keyFile) ❶
    if err != nil {
        log.Fatalf("failed to load key pair: %s", err)
    }

    certPool := x509.NewCertPool() ❷
    ca, err := ioutil.ReadFile(caFile)
    if err != nil {
        log.Fatalf("could not read ca certificate: %s", err)
    }

    if ok := certPool.AppendCertsFromPEM(ca); !ok { ❸
        log.Fatalf("failed to append ca certificate")
    }
```

```
opts := []grpc.ServerOption{
    // 모든 요청 연결에 대해 TLS를 활성화한다.
    grpc.Creds( ❹
        credentials.NewTLS(&tls.Config {
            ClientAuth:   tls.RequireAndVerifyClientCert,
            Certificates: []tls.Certificate{certificate},
            ClientCAs:    certPool,
        },
    )),
}

s := grpc.NewServer(opts...) ❺
pb.RegisterProductInfoServer(s, &server{}) ❻

lis, err := net.Listen("tcp", port) ❼
if err != nil {
    log.Fatalf("failed to listen: %v", err)
}

if err := s.Serve(lis); err != nil { ❽
    log.Fatalf("failed to serve: %v", err)
}
}
```

❶ 서버 인증서와 키를 통해 직접 X.509 키 쌍을 생성한다.

❷ CA에서 인증서 풀pool을 생성한다.

❸ CA의 인증서를 인증서 풀에 추가한다.

❹ TLS 자격증명을 생성해 들어오는 모든 연결에 대해 TLS를 활성화한다.

❺ TLS 서버 자격증명을 사용해 새 gRPC 서버 인스턴스를 만든다.

❻ 생성된 API를 호출해 gRPC 서비스를 새로 작성된 gRPC 서버에 등록한다.

❼ 지정된 포트(50051)로 TCP 리스너를 생성한다.

❽ gRPC 서버를 리스너에 바인딩하고 해당 포트(50051)에서 수신 메시지를 리스닝 한다.

검증된 클라이언트의 요청만을 수락하도록 서버를 수정했으니 이제 이 서버와 대화하고자 클라이언트 코드를 수정해보자.

gRPC 클라이언트에서 mTLS 활성화

클라이언트를 서버와 연결하려면 클라이언트도 서버와 유사한 단계를 수행해야 하며, 코드 6-4와 같이 Go 클라이언트 코드를 수정한다.

코드 6-4. gRPC 보안 클라이언트 Go 애플리케이션

```go
package main

import (
    "crypto/tls"
    "crypto/x509"
    "io/ioutil"
    "log"

    pb "productinfo/server/ecommerce"
    "google.golang.org/grpc"
    "google.golang.org/grpc/credentials"
)

var (
    address = "localhost:50051"
    hostname = "localhost"
    crtFile = "client.crt"
    keyFile = "client.key"
    caFile = "ca.crt"
)

func main() {
```

```
    certificate, err := tls.LoadX509KeyPair(crtFile, keyFile) ❶
    if err != nil {
        log.Fatalf("could not load client key pair: %s", err)
    }

    certPool := x509.NewCertPool() ❷
    ca, err := ioutil.ReadFile(caFile)
    if err != nil {
        log.Fatalf("could not read ca certificate: %s", err)
    }

    if ok := certPool.AppendCertsFromPEM(ca); !ok { ❸
        log.Fatalf("failed to append ca certs")
    }

    opts := []grpc.DialOption{
        grpc.WithTransportCredentials( credentials.NewTLS(&tls.Config{ ❹
            ServerName: hostname, // 참고: 이 설정은 반드시 필요함!
            Certificates: []tls.Certificate{certificate},
            RootCAs: certPool,
        })),
    }

    conn, err := grpc.Dial(address, opts...) ❺
    if err != nil {
        log.Fatalf("did not connect: %v", err)
    }
    defer conn.Close() ❼
    c := pb.NewProductInfoClient(conn) ❻

    .... // RPC 메서드 호출 생략
}
```

❶ 서버 인증서와 키를 통해 직접 X.509 키 쌍을 생성한다.

❷ CA에서 인증서 풀을 생성한다.

❸ CA의 인증서를 인증서 풀에 추가한다.

❹ 전송 자격증명을 연결 옵션으로 추가한다. 여기서 ServerName은 인증서의 Common Name과 같아야 한다.

❺ 다이얼 옵션을 지정해 서버와의 안전한 연결을 설정한다.

❻ 연결을 지정해 스텁을 생성한다. 이 스텁 인스턴스에는 서버를 호출하기 위한 모든 원격 메서드가 포함돼 있다.

❼ 모든 처리가 끝나면 연결을 닫는다.

지금까지 기본 단방향 TLS와 mTLS를 모두 사용해 gRPC 애플리케이션의 클라이언트와 서버 간 통신 채널을 보호했다. 다음 단계는 통신별per-call basis로 인증을 적용하는 것인데, 자격증명이 호출에 붙여진다. 각 클라이언트 호출에는 인증 자격증명이 포함되고, 서버 측에서 자격증명을 확인하며 클라이언트의 호출 여부를 결정한다.

gRPC 호출 인증

gRPC는 견고한 인증authentication 메커니즘을 사용하도록 설계됐다. 앞 절에서는 TLS를 사용해 클라이언트와 서버 간에 교환되는 데이터를 암호화하는 방법을 알아봤는데, 이제 토큰 기반 인증token-based authentication 등과 같은 다양한 통신 자격증명 기술credential techniques을 사용해 발신자caller 신원identity을 확인하고 액세스 제어access control를 적용하는 방법을 알아보자.

발신자 확인을 용이하게 하고자 gRPC는 클라이언트가 모든 호출에 자신의 자격증명(사용자명, 비밀번호 등)을 주입할 수 있는 기능을 제공한다. gRPC 서버는 클라이언트의 요청을 가로채서 모든 수신 통신에서 이 자격증명을 확인할 수 있다.

우선 간단한 인증 시나리오를 통해 클라이언트 호출마다 인증이 작동하는 방식을 알아보자.

베이직 인증 사용

베이직 인증^{Basic authentication}은 가장 간단한 인증 메커니즘으로, 클라이언트는 Basic 이라는 단어로 시작하고 공백과 base64로 인코딩된 문자열 username:password 값을 가진 Authorization 헤더로 요청을 보낸다. 예를 들어 사용자명이 admin이고 비밀번호가 admin인 경우 헤더 값은 다음과 같다.

```
Authorization: Basic YWRtaW46YWRtaW4=
```

일반적으로 gRPC는 서비스 인증에 사용자명/비밀번호^{username/password} 사용을 권장하지 않는다. 사용자명/비밀번호는 다른 토큰(JSON 웹 토큰^{JWT}, OAuth2 액세스 토큰)과는 달리 시간 제어를 할 수 없기 때문이다. 즉, 토큰은 생성할 때 유효 기간을 지정할 수 있지만, 사용자명/비밀번호는 유효 기간을 지정할 수 없고 비밀번호를 변경할 때까지 유효하다. 애플리케이션에서 베이직 인증을 활성화해야 하는 경우 클라이언트와 서버 간의 보안 연결[3]을 사용해서 기본 자격증명을 공유해야 한다. 여기서 베이직 인증을 다루는 이유는 gRPC에서 인증이 작동하는 방식을 쉽게 설명할 수 있기 때문이다.

먼저 사용자 인증 정보(베이직 인증)를 통신에 지정하는 방법을 알아보자. gRPC는 빌트인^{built-in} 베이직 인증을 지원하지 않으므로 클라이언트 콘텍스트에 커스텀 자격증명으로 추가해야 한다. Go 언어에서는 자격증명 구조체를 정의하고 코드 6-5와 같이 PerRPCCredentials 인터페이스를 구현해 쉽게 처리할 수 있다.

---

3. 베이직 인증은 TLS/SSL을 통해 암호화하지 않으면 제3자가 사용자명/비밀번호를 바로 알 수가 있어 매우 위험하다. – 옮긴이

```
type basicAuth struct { ❶
    username string
    password string
}

func (b basicAuth) GetRequestMetadata(ctx context.Context,
        in ...string) (map[string]string, error) { ❷
    auth := b.username + ":" + b.password
    enc := base64.StdEncoding.EncodeToString([]byte(auth))
    return map[string]string{
        "authorization": "Basic " + enc,
    }, nil
}

func (b basicAuth) RequireTransportSecurity() bool { ❸
    return true
}
```

❶ RPC 호출에 지정하려는 필드들을 보유한 구조체를 정의한다(이 경우 사용자명이나 비밀번호와 같은 사용자 인증 정보).

❷ GetRequestMetadata 메서드를 구현해 사용자 인증 정보를 요청 메타데이터로 변환한다. 이 경우 "Authorization"을 키로 "Basic"에 대한 base64(<username>: <password>)가 값이 된다.

❸ 해당 인증 정보를 전달하고자 채널 보안이 필요한지 여부를 지정한다. 앞에서 언급했듯이 채널 보안을 사용하는 것이 좋다.

자격증명 객체를 구현한 후에는 코드 6-6과 같이 유효한 자격증명으로 초기화하고, 연결을 만들 때 이를 전달해야 한다.

```go
package main

import (
    "log"
    pb "productinfo/server/ecommerce"
    "google.golang.org/grpc/credentials"
    "google.golang.org/grpc"
)

var (
    address = "localhost:50051"
    hostname = "localhost"
    crtFile = "server.crt"
)

func main() {
    creds, err := credentials.NewClientTLSFromFile(crtFile, hostname)
    if err != nil {
        log.Fatalf("failed to load credentials: %v", err)
    }

    auth := basicAuth{ ❶
        username: "admin",
        password: "admin",
    }

    opts := []grpc.DialOption{
        grpc.WithPerRPCCredentials(auth), ❷
        grpc.WithTransportCredentials(creds),
    }

    conn, err := grpc.Dial(address, opts...)
    if err != nil {
        log.Fatalf("did not connect: %v", err)
    }
    defer conn.Close()
```

```
    c := pb.NewProductInfoClient(conn)

    .... // RPC 메서드 호출 생략
}
```

❶ 유효한 사용자 인증 정보(사용자명과 비밀번호)로 auth 변수를 초기화한다. auth
  변수는 사용할 값을 갖고 있다.

❷ auth 변수를 grpc.WithPerRPCCredentials 함수에 전달한다. grpc.WithPerRPC
  Credentials() 함수는 인터페이스를 파라미터로 사용한다. 인터페이스를 준
  수하도록 인증 구조체를 정의했기에 변수로 전달할 수 있다.

이제 클라이언트는 서버 호출 중에 추가 메타데이터를 보내지만, 서버는 아무 처
리도 하지 않는다. 따라서 서버에서 메타데이터를 확인하도록 처리해야 하는데,
코드 6-7과 같이 메타데이터를 읽도록 서버를 수정한다.

코드 6-7. 베이직 사용자 자격증명 확인 기능이 있는 gRPC 보안 서버

```
package main

import (
    "context"
    "crypto/tls"
    "encoding/base64"
    "errors"
    pb "productinfo/server/ecommerce"
    "google.golang.org/grpc"
    "google.golang.org/grpc/codes"
    "google.golang.org/grpc/credentials"
    "google.golang.org/grpc/metadata"
    "google.golang.org/grpc/status"
    "log"
    "net"
```

```
        "path/filepath"
        "strings"
    )

    var (
        port = ":50051"
        crtFile = "server.crt"
        keyFile = "server.key"
        errMissingMetadata = status.Errorf(codes.InvalidArgument, "missing metadata")
        errInvalidToken = status.Errorf(codes.Unauthenticated, "invalid credentials")
    )

    type server struct {
        productMap map[string]*pb.Product
    }

    func main() {
        cert, err := tls.LoadX509KeyPair(crtFile, keyFile)
        if err != nil {
            log.Fatalf("failed to load key pair: %s", err)
        }
        opts := []grpc.ServerOption{
            // 모든 들어오는 연결에 대해 TLS를 활성화한다.
            grpc.Creds(credentials.NewServerTLSFromCert(&cert)),

            grpc.UnaryInterceptor(ensureValidBasicCredentials), ❶
        }

        s := grpc.NewServer(opts...)
        pb.RegisterProductInfoServer(s, &server{})

        lis, err := net.Listen("tcp", port)
        if err != nil {
            log.Fatalf("failed to listen: %v", err)
        }

        if err := s.Serve(lis); err != nil {
```

```go
        log.Fatalf("failed to serve: %v", err)
    }
}

func valid(authorization []string) bool {
    if len(authorization) < 1 {
        return false
    }
    token := strings.TrimPrefix(authorization[0], "Basic ")
    return token == base64.StdEncoding.EncodeToString([]byte("admin:admin"))
}

func ensureValidBasicCredentials(ctx context.Context, req interface{}, info
        *grpc.UnaryServerInfo,
        handler grpc.UnaryHandler) (interface{}, error) { ❷
    md, ok := metadata.FromIncomingContext(ctx) ❸
    if !ok {
        return nil, errMissingMetadata
    }
    if !valid(md["authorization"]) {
        return nil, errInvalidToken
    }
    // 유효한 토큰을 확인한 후 핸들러 실행을 계속한다.
    return handler(ctx, req)
}
```

❶ TLS 서버 인증서와 함께 새로운 서버 옵션(grpc.ServerOption)을 추가한다. grpc.UnaryInterceptor는 클라이언트의 모든 요청을 가로채기 위해 인터셉터를 추가하는 함수다. 인터셉터는 모든 클라이언트 요청을 해당 함수에 전달하고자 함수에 대한 참조(envalValidBasicCredentials)를 전달한다.

❷ 호출자 신원을 확인하고자 ensureValidBasicCredentials라는 함수를 정의한다. 여기서 context.Context 객체는 우리가 필요로 하는 메타데이터를 포함하며, 이는 요청 기간^{lifetime of the request} 동안 유효하다.

❸ 콘텍스트에서 메타데이터를 추출하며 인증 값을 얻고 인증 정보의 유효성을 검증한다. `metadata.MD` 내의 키는 소문자로 정규화돼 소문자로 키의 값을 확인해야 한다.

이제 서버는 각 호출에서 클라이언트 신원^{identity}의 유효성을 검사한다. 이는 매우 간단한 예제지만 서버 인터셉터 내부에 복잡한 인증 로직을 사용해 클라이언트 신원을 확인할 수도 있다.

요청마다 클라이언트 인증 작동 방식을 기본적으로 이해했으므로 이제 일반적으로 사용되고 권장되는 토큰 기반 인증(OAuth 2.0) 방식을 알아보자.

OAuth 2.0 사용

OAuth 2.0(https://oauth.net/2)은 액세스 위임$^{access\ delegation}$을 위한 프레임워크로, 사용자가 사용자명과 비밀번호 모두를 제공하지 않고 서비스에 대한 제한된 액세스 권한을 부여받을 수 있다. 여기서는 OAuth 2.0에 대해 자세히 설명하지 않겠지만, 애플리케이션에서 OAuth 2.0을 사용하도록 설정하는 방법에 대한 기본적인 지식이 있으면 도움이 된다.

 OAuth 2.0 처리에는 클라이언트, 권한 서버(authorization server), 리소스 서버(resource server), 리소스 소유자(resource owner)의 네 가지 역할이 있다. 클라이언트는 리소스 서버의 리소스에 액세스하려고 한다. 리소스에 액세스하려면 클라이언트가 권한 서버에서 토큰(임의의 문자열)을 가져와야 한다. 이 토큰은 적절한 길이여야 하며 예측할 수 없어야 한다. 클라이언트가 토큰을 받으면 클라이언트는 토큰을 사용해 리소스 서버에 요청을 보낼 수 있다. 그런 다음 리소스 서버는 해당 권한 서버와 통신해 토큰의 유효성을 검증한다. 해당 리소스 소유자가 유효성을 검증하면 클라이언트가 자원에 액세스할 수 있게 된다.

gRPC는 애플리케이션에서 OAuth 2.0을 적용하기 위한 기본 지원 기능을 갖고 있다. 먼저 통신에 토큰을 지정하는 방법을 알아보자. 다만 이 예제에는 인증 서버가 없기 때문에 토큰 값을 임의의 문자열로 하드코딩^{hardcode}한다. 코드 6-8은 클라이언트 요청에 OAuth 토큰을 추가하는 방법을 설명한다.

코드 6-8. OAuth 토큰을 사용하는 gRPC 보안 클라이언트 Go 애플리케이션

```go
package main

import (
    "google.golang.org/grpc/credentials"
    "google.golang.org/grpc/credentials/oauth"
    "log"

    pb "productinfo/server/ecommerce"
    "golang.org/x/oauth2"
    "google.golang.org/grpc"
)

var (
    address = "localhost:50051"
    hostname = "localhost"
    crtFile = "server.crt"
)

func main() {
    auth := oauth.NewOauthAccess(fetchToken()) ❶

    creds, err := credentials.NewClientTLSFromFile(crtFile, hostname)
    if err != nil {
        log.Fatalf("failed to load credentials: %v", err)
    }

    opts := []grpc.DialOption{
        grpc.WithPerRPCCredentials(auth), ❷
        grpc.WithTransportCredentials(creds),
    }

    conn, err := grpc.Dial(address, opts...)
    if err != nil {
        log.Fatalf("did not connect: %v", err)
```

202

```
    }
    defer conn.Close()
    c := pb.NewProductInfoClient(conn)

    .... // RPC 메소드 호출을 건너뛴다.
}

func fetchToken() *oauth2.Token {
    return &oauth2.Token{
        AccessToken: "some-secret-token",
    }
}
```

❶ 연결용 자격증명을 설정한다. 자격증명을 만들려면 OAuth2 토큰 값을 제공해야 하는데, 여기서는 토큰에 하드코드된 문자열 값을 사용한다.

❷ 동일한 연결의 모든 RPC 호출에 단일 OAuth 토큰을 적용하도록 gRPC 다이얼 옵션을 구성한다. 통신마다 OAuth 토큰을 적용하려면 CallOption을 사용해 gRPC 통신을 구성하면 된다.

OAuth는 사용되는 전송에 보안이 적용되는 것을 요구하기 때문에 채널에 대한 보안도 활성화한다. gRPC 내부적으로 제공된 토큰 앞에 토큰 타입이 붙고 authorization 키로 메타데이터에 첨부된다.

서버에서도 코드 6-9와 같이 요청과 함께 오는 클라이언트 토큰을 확인하고 검증하고자 유사한 인터셉터를 추가한다.

코드 6-9. OAuth 사용자 토큰 유효성 검사 기능이 있는 gRPC 보안 서버

```
package main

import (
    "context"
```

```go
        "crypto/tls"
        "errors"
        "log"
        "net"
        "strings"

        pb "productinfo/server/ecommerce"
        "google.golang.org/grpc"
        "google.golang.org/grpc/codes"
        "google.golang.org/grpc/credentials"
        "google.golang.org/grpc/metadata"
        "google.golang.org/grpc/status"
)

// server는 ecommerce/product_info를 구현하는 데 사용한다.
type server struct {
        productMap map[string]*pb.Product
}

var (
        port = ":50051"
        crtFile = "server.crt"
        keyFile = "server.key"
        errMissingMetadata = status.Errorf(codes.InvalidArgument, "missing metadata")
        errInvalidToken = status.Errorf(codes.Unauthenticated, "invalid token")
)

func main() {
        cert, err := tls.LoadX509KeyPair(crtFile, keyFile)
        if err != nil {
                log.Fatalf("failed to load key pair: %s", err)
        }
        opts := []grpc.ServerOption{
                grpc.Creds(credentials.NewServerTLSFromCert(&cert)),
                grpc.UnaryInterceptor(ensureValidToken), ❶
        }
```

```
    s := grpc.NewServer(opts...)
    pb.RegisterProductInfoServer(s, &server{})

    lis, err := net.Listen("tcp", port)
    if err != nil {
        log.Fatalf("failed to listen: %v", err)
    }

    if err := s.Serve(lis); err != nil {
        log.Fatalf("failed to serve: %v", err)
    }
}

func valid(authorization []string) bool {
    if len(authorization) < 1 {
        return false
    }
    token := strings.TrimPrefix(authorization[0], "Bearer ")
    return token == "some-secret-token"
}

func ensureValidToken(ctx context.Context, req interface{},
        info *grpc.UnaryServerInfo,
        handler grpc.UnaryHandler) (interface{}, error) { ❷
    md, ok := metadata.FromIncomingContext(ctx)
    if !ok {
        return nil, errMissingMetadata
    }
    if !valid(md["authorization"]) {
        return nil, errInvalidToken
    }
    return handler(ctx, req)
}
```

❶ TLS 서버 인증서와 함께 새로운 서버 옵션(grpc.ServerOption)을 추가한다. grpc. UnaryInterceptor 함수를 사용해 클라이언트의 모든 요청을 가로채는 인터셉

터를 추가한다.

❷ 토큰의 유효성을 확인하고자 ensureValidToken이라는 함수를 정의한다. 토큰
이 없거나 유효하지 않은 경우 인터셉터가 실행을 차단하고 에러를 발생시킨
다. 그렇지 않으면 인터셉터는 콘텍스트와 인터페이스를 전달하는 다음 핸들
러를 호출한다.

인터셉터를 사용해 모든 RPC에 대한 토큰 유효성 검사를 구성할 수 있다. 서버는
서비스 유형에 따라 grpc.UnaryInterceptor나 grpc.StreamInterceptor를 구성
할 수 있다.

OAuth 2.0 인증과 마찬가지로 gRPC는 JWT$^{JSON\,Web\,Token}$ 기반 인증도 지원한다. 다
음 절에서는 JWT 기반 인증을 사용하려면 변경해야 할 사항을 알아본다.

JWT 사용

JWT는 클라이언트와 서버 사이 신원 정보 전송용 컨테이너를 정의한다. 서명된
JWT는 자체 포함 액세스 토큰$^{self-contained\,access\,token}$으로 사용될 수 있는데, 이는 리소
스 서버가 클라이언트 토큰의 유효성을 검사하고자 인증 서버와 통신할 필요가
없다는 것이다. 서명을 확인하는 것만으로 토큰의 유효성을 검사할 수 있다. 클라
이언트는 인증 서버에게 액세스를 요청하는데, 인증 서버는 클라이언트의 자격증
명을 확인하고 JWT를 작성한 후 클라이언트로 보낸다. JWT가 있는 클라이언트
애플리케이션은 리소스에 액세스가 허용된다.

gRPC는 JWT를 기본적으로 지원한다. 인증 서버의 JWT 파일이 있으면 해당 토큰
파일을 사용해 JWT 인증 정보를 생성해야 한다. 코드 6-10은 JWT 토큰 파일
(token.json)에서 JWT 인증 정보를 생성하고 Go 클라이언트 애플리케이션에서
DialOptions로 전달하는 방법을 보여준다.

코드 6-10. Go 클라이언트 애플리케이션에서 JWT를 사용한 연결 설정

```
jwtCreds, err := oauth.NewJWTAccessFromFile("token.json") ❶
if err != nil {
    log.Fatalf("Failed to create JWT credentials: %v", err)
}

creds, err := credentials.NewClientTLSFromFile("server.crt", "localhost")
if err != nil {
    log.Fatalf("failed to load credentials: %v", err)
}
opts := []grpc.DialOption{
    grpc.WithPerRPCCredentials(jwtCreds),
    // 전송 자격증명(transport credentials)
    grpc.WithTransportCredentials(creds), ❷
}

// 서버에 대한 연결을 설정한다.
conn, err := grpc.Dial(address, opts...)
if err != nil {
    log.Fatalf("did not connect: %v", err)
}
.... // 스텁 생성과 RPC 메서드 호출은 생략한다.
```

❶ credentials.PerRPCCredentials를 초기화하고자 oauth.NewJWTAccessFromFile 을 호출한다. 자격증명을 만들려면 유효한 토큰 파일을 제공해야 한다.

❷ 동일한 연결의 모든 RPC 호출에 JWT 토큰을 적용하려면 DialOption WithRPR PCCredentials를 사용해 gRPC 다이얼을 구성한다.

이런 인증 기술 외에도 클라이언트에서 RPC 자격증명을 확장하고 서버에 새로운 인터셉터를 추가해 인증 메커니즘을 추가할 수 있다. 아울러 gRPC는 구글 클라우드^{Google Cloud}에 배포된 gRPC 서비스 호출을 위한 특별한 지원 기능도 제공한다. 다음 절에서는 이러한 서비스를 호출하는 방법을 알아본다.

구글 토큰 기반 인증 사용

사용자를 식별하고 구글 클라우드 플랫폼^{Google Cloud Platform}에 배포된 서비스 사용
여부를 결정하는 것은 ESP^{Extensible Service Proxy}에 의해 제어된다. ESP는 파이어베이
스^{Firebase}, 오스제로^{Auth0}, 구글 아이디^{Google ID} 토큰을 포함한 여러 인증 방법을 지원
한다. 각 경우마다 클라이언트는 요청에 유효한 JWT를 제공해야 하는데, 인증
JWT를 만들려면 배포된 각 서비스에 대한 서비스 계정을 생성해야 한다.

서비스에 대한 JWT 토큰이 있으면 요청과 함께 토큰을 전송함으로써 서비스 메
서드를 호출할 수 있다. 코드 6-11과 같이 자격증명을 전달하는 채널을 만든다.

코드 6-11. Go 클라이언트 애플리케이션에서 구글 엔드포인트 연결 설정

```
perRPC, err := oauth.NewServiceAccountFromFile("service-account.json", scope) ❶
if err != nil {
    log.Fatalf("Failed to create JWT credentials: %v", err)
}

pool, _ := x509.SystemCertPool()
creds := credentials.NewClientTLSFromCert(pool, "")

opts := []grpc.DialOption{
    grpc.WithPerRPCCredentials(perRPC),
    grpc.WithTransportCredentials(creds), ❷
}

conn, err := grpc.Dial(address, opts...)
if err != nil {
    log.Fatalf("did not connect: %v", err)
}
.... // 스텁 생성과 RPC 메서드 호출은 생략한다.
```

❶ credentials.PerRPCCredentials를 초기화하고자 oauth.NewServiceAccountFromFile
을 호출한다. 자격증명을 만들려면 유효한 토큰 파일을 제공해야 한다.

❷ 앞에서 설명한 인증 메커니즘과 유사하게 DialOption WithPerRPCCredentials
로 gRPC 다이얼을 구성해 인증 토큰을 동일한 연결의 모든 RPC 호출에 대한 메
타데이터로 적용한다.

요약

상품 수준의 gRPC 애플리케이션을 구축할 때는 클라이언트와 서버 사이에 보안
통신을 보장하고자 gRPC 애플리케이션에 최소한의 보안 사항이 요구된다. gRPC
라이브러리는 다양한 종류의 인증 메커니즘과 함께 작동하도록 설계됐으며, 커스
텀 인증 메커니즘을 추가해 지원을 확장할 수 있다. 이를 통해 gRPC를 안전하게
사용해 다른 시스템과 손쉽게 통신한다.

gRPC에는 두 가지 유형의 자격증명이 지원되는데, 채널과 호출이다. 채널 자격증
명channel credential은 TLS 등이 채널에 지정되고, OAuth 2.0 토큰, 베이직 인증 등과 같
은 호출 자격증명call credential은 호출에 지정된다. 아울러 두 자격증명 유형을 gRPC
애플리케이션에서 함께 적용할 수도 있다. 예를 들어 TLS가 클라이언트와 서버 간
의 연결을 가능하게 하고 연결의 각 RPC 호출에 인증 정보를 지정할 수 있다.

6장에서는 gRPC 애플리케이션에 두 가지 자격증명 유형을 사용하는 방법을 배웠
다. 7장에서는 실제 gRPC 애플리케이션을 제작하고 운영하는 방법을 통해 배운
개념과 기술을 실제 서비스 수준으로 확대한다. 서비스와 클라이언트 애플리케
이션에 대한 테스트 케이스를 작성하는 방법, 도커와 쿠버네티스에 애플리케이션
을 배포하는 방법, 실제 서비스 환경에서 실행될 때 시스템을 관찰하는 방법도 알
아본다.

7장

서비스 수준 gRPC 실행

6장까지는 gRPC 기반 애플리케이션 설계와 개발의 다양한 측면에 중점을 뒀다. 이제 서비스 수준^{in production}에서 gRPC 애플리케이션 실행의 세부 사항을 살펴볼 차례다. 7장에서는 gRPC 서비스와 클라이언트에 대한 단위 테스트^{unit testing}나 통합 테스트^{integration testing}를 개발하는 방법과 지속적인 통합^{continuous integration} 도구와 연계하는 방법을 설명한다. 그런 다음 가상 머신^{VM, Virtual Machine}, 도커와 쿠버네티스로의 배포 패턴^{deployment pattern}을 알아보고자 gRPC 애플리케이션의 지속적인 배포^{continuous deployment}를 다룬다. 마지막으로 서비스 수준에서 gRPC 애플리케이션을 운영하려면 견고한 관찰 플랫폼^{observability platform}[1]이 필요한데, gRPC 애플리케이션용 다양한 관찰 도구를 설명하고 gRPC 애플리케이션의 문제 해결과 디버깅 기술을 살펴본다. 우선 애플리케이션에 대한 테스트를 먼저 알아보자.

gRPC 애플리케이션 테스트

개발되는 모든 소프트웨어 애플리케이션(gRPC 애플리케이션 포함)에는 애플리케이션과 관련된 단위 테스트가 필요하다. gRPC 애플리케이션은 항상 네트워크와

---

1. 일반적으로 사용되는 모니터링을 포괄하는 개념이다. – 옮긴이

상호작용하므로 테스트는 서버와 클라이언트 gRPC 애플리케이션 모두 네트워크 RPC 측면도 다뤄야 한다. 그러면 gRPC 서버 테스트부터 알아보자.

gRPC 서버 테스트

gRPC 서비스에 대한 테스트는 대부분 테스트 케이스^{test cases}의 일부로, gRPC 클라이언트 애플리케이션을 사용한다. 서버 측 테스트는 테스트가 필요한 gRPC 서비스와 함께 gRPC 서버를 시작하는 것과 테스트 케이스로 구현한 클라이언트 애플리케이션을 사용해 서버에 연결하는 것으로 구성된다. 그럼 ProductInfo 서비스의 Go 구현을 위해 작성된 샘플 테스트 케이스를 살펴보자. Go에서 gRPC 테스트 케이스의 구현은 테스트 패키지를 사용한 Go 언어의 일반 테스트 케이스로 구현된다(코드 7-1 참고).

코드 7-1. Go를 사용한 gRPC 서버 측 테스트

```
func TestServer_AddProduct(t *testing.T) { ❶
    grpcServer := initGRPCServerHTTP2() ❷
    conn, err := grpc.Dial(address, grpc.WithInsecure()) ❸
    if err != nil {
        grpcServer.Stop()
        t.Fatalf("did not connect: %v", err)
    }
    defer conn.Close()
    c := pb.NewProductInfoClient(conn)

    name := "Sumsung S10"
    description := "Samsung Galaxy S10 is the latest smart phone,
            launched in February 2019"
    price := float32(700.0)
    ctx, cancel := context.WithTimeout(context.Background(), time.Second)
    defer cancel()
    r, err := c.AddProduct(ctx, &pb.Product{Name: name,
```

```
        Description: description, Price: price}) ❹
    if err != nil { ❺
        t.Fatalf("Could not add product: %v", err)
    }

    if r.Value == "" {
        t.Errorf("Invalid Product ID %s", r.Value)
    }
    log.Printf("Res %s", r.Value)
    grpcServer.Stop()
}
```

❶ gRPC 서버와 클라이언트를 시작해 RPC로 서비스를 검사하는 전형적인 테스트다.

❷ HTTP/2로 실행되는 전형적인 gRPC 서버를 시작한다.

❸ 서버 애플리케이션에 연결한다.

❹ AddProduct 메서드에 RPC를 보낸다.

❺ 응답 메시지에 대한 검증이다.

gRPC 테스트 케이스는 표준적인 프로그래밍 언어의 테스트 케이스를 기반으로 하기 때문에 실행 방식은 기본적인 테스트 케이스와 다르지 않다. 다만 서버 측 gRPC 테스트의 특별한 점은 클라이언트 애플리케이션이 연결되는 포트를 서버 애플리케이션에서 열어야 한다는 것이다. 이 작업을 원하지 않거나 테스트 환경에서 허용하지 않는 경우 라이브러리를 사용해 실제 포트 번호로 서비스를 시작하지 않게 할 수 있다. Go 언어에서는 버퍼와 관련 다이얼링과 리스닝 기능으로 구현된 net.Conn을 제공하는 bufconn 패키지(https://oreil.ly/gOq46)를 사용할 수 있다. 7장의 소스코드 저장소에서 전체 코드 샘플을 찾을 수 있는데, 자바를 사용하는 경우 JUnit과 같은 테스트 프레임워크를 사용하고, 똑같은 절차에 따라 서버 측 gRPC 테스트를 작성할 수 있다. 그러나 gRPC 서버 인스턴스를 시작하지 않고 테스트 케이스를 작성하려는 경우 자바 구현의 gRPC인 내장 프로세스[in-process] 서버를 사용할 수 있다. 이 책의 코드 저장소에서 전체 자바 코드 예제를 확인할 수 있다.

RPC 네트워크 계층을 거치지 않고 개발한 원격 함수의 비즈니스 로직을 단위 테스트할 수도 있는데, gRPC 클라이언트를 사용하지 않고 대신 함수를 직접 호출해 테스트하는 것이다.

지금까지는 gRPC 서비스의 테스트 작성 방법을 배웠다. 이제 gRPC 클라이언트 애플리케이션의 테스트 방법을 알아보자.

gRPC 클라이언트 테스트

gRPC 클라이언트 테스트를 개발할 때 여러 테스트 방법 중 하나는 gRPC 서버를 시작시키고 목[mock][2] 서비스를 구현하는 것이다. 그러나 이는 포트를 열고 서버에 연결하는 오버헤드[overhead]로, 아주 간단한 작업은 아니다. 따라서 실제 서버에 연결하는 오버헤드 없이 클라이언트 측 로직을 테스트하고자 모킹[mocking] 프레임워크를 사용할 수 있다. gRPC 서버 측을 모킹하면 개발자는 서버에 대한 RPC를 호출하지 않고도 경량 단위 테스트를 작성해 클라이언트의 기능을 확인할 수 있다.

Go로 gRPC 클라이언트 애플리케이션을 개발하는 경우 Gomock(https://oreil.ly/8GAWB)을 사용해 클라이언트 인터페이스를 생성하고(생성된 코드 사용) 미리 결정된 값을 예상해 반환하도록 메서드를 프로그래밍 방식으로 설정할 수 있다. Gomock을 사용해 다음과 같이 gRPC 클라이언트 애플리케이션의 목 인터페이스를 생성할 수 있다.

---

2. 실제 객체나 서버 또는 서비스 대신 테스트 등을 위해 가상으로 가짜 기능을 제공한다. – 옮긴이

```
mockgen github.com/grpc-up-and-running/samples/ch07/grpc-docker/go/proto-gen \
ProductInfoClient > mock_prodinfo/prodinfo_mock.go
```

위에서 모킹돼야 할 인터페이스로 **ProductInfoClient**를 지정했고, 작성하는 테
스트 코드는 **mockgen**에 의해 생성된 패키지와 **gomock** 패키지를 함께 임포트해 클
라이언트 측 로직의 단위 테스트를 작성한다. 코드 7-2와 같이 해당 메서드에 대
해 예상되는 호출과 응답을 반환하는 목 객체를 만든다.

코드 7-2. Gomock을 활용한 gRPC 클라이언트 측 테스트

```go
func TestAddProduct(t *testing.T) {
    ctrl := gomock.NewController(t)
    defer ctrl.Finish()
    mocklProdInfoClient := NewMockProductInfoClient(ctrl)  ❶
...
    req := &pb.Product{Name: name, Description: description, Price: price}

    mocklProdInfoClient.  ❷
            EXPECT().AddProduct(gomock.Any(), &rpcMsg{msg: req},).  ❸
            Return(&wrapper.StringValue{Value: "ABC123" + name}, nil)  ❹

    testAddProduct(t, mocklProdInfoClient)  ❺
}

func testAddProduct(t *testing.T, client pb.ProductInfoClient) {
    ctx, cancel := context.WithTimeout(context.Background(), time.Second)
    defer cancel()
    ...

    r, err := client.AddProduct(ctx, &pb.Product{Name: name,
            Description: description, Price: price})
    // 테스트와 응답 검증
}
```

❶ 원격 메서드 호출이 예상되는 목 객체를 만든다.

❷ 목 객체에 대한 프로그래밍을 한다.

❸ AddProduct 메서드에 대한 호출을 예상^{expect}한다.[3]

❹ 제품 ID의 목 값을 반환한다.[4]

❺ 클라이언트 스텁의 원격 메서드를 호출하는 실제 테스트 메서드를 호출한다.

자바를 사용하는 경우 모키토^{Mockito}(https://site.mockito.org)와 gRPC 자바 구현을 위한 인프로세스 서버 구현을 사용해 클라이언트 애플리케이션을 테스트할 수 있다. 좀 더 자세한 샘플 내용은 소스코드 저장소를 참조하면 된다. 이제 필요한 서버와 클라이언트 측 테스트가 완료되면 사용 중인 지속적인 통합 도구와 연계할 수 있다.

gRPC 서버를 모킹해도 실제 gRPC 서버와 동일한 동작을 제공하지는 않는다는 점에 유의하자. 이는 gRPC 서버에 존재하는 모든 에러 로직을 다시 구현하지 않으면 특정 기능은 테스트를 통해 검증되지 못할 수 있다. 실제로는 모킹을 통해 일부 선택적인 지능 집합을 검증하고 나머지는 실제 gRPC 서버 구현을 통해 검증돼야 한다. 이제 gRPC 애플리케이션의 부하 테스트와 벤치마킹 방법을 살펴보자.

부하 테스트

기존 도구를 사용해 gRPC 애플리케이션의 부하 테스트$^{load testing}$와 벤치마킹^{benchmarking}을 수행하기는 쉽지 않은데, 이런 애플리케이션들은 HTTP와 같은 특정 프로토콜에 다소 제한돼 있기 때문이다. 따라서 gRPC의 경우 서버에 대한 RPC의 가상 부하를 생성해 gRPC 서버를 부하 테스트할 수 있는 맞춤형$^{tailor-made}$ 부하 테스트 도구가 필요하다.

---

3. 예상한다는 표현은 지정(여기서는 뒤에 지정)된 메서드가 호출될 때를 가정하는 것이다. - 옮긴이

4. 위 예상된 메서드가 호출되면 임의의 값을 반환하도록 지정한 것이다. - 옮긴이

ghz(https://ghz.sh)는 맞춤형 부하를 지원하는 부하 테스트 도구며, Go 언어를 사용해 커맨드라인 유틸리티로 구현된다. 로컬 서비스를 테스트하거나 디버깅할 수도 있지만 성능에 대한 회귀 테스트를 위한 자동화된 지속적인 통합 환경에서도 사용할 수 있다. 예를 들어 ghz를 사용하면 다음 명령으로 부하 테스트를 실행할 수 있다.

```
ghz --insecure \
    --proto ./greeter.proto \
    --call helloworld.Greeter.SayHello \
    -d '{"name":"Joe"}'\
    -n 2000 \
    -c 20 \
    localhost:50051
```

위 명령은 Greeter 서비스의 SayHello 원격 메서드를 안전하지 않은 방법으로 호출한다. 총 요청 수(-n 2000)와 동시성(20개의 스레드)을 지정한다. 결과는 다양한 출력 형식으로 생성된다.

이제 필요한 서버와 클라이언트 측 테스트가 완료되면 사용 중인 지속적인 통합 도구와 연계할 수 있다.

지속적인 통합

지속적인 통합CI, Continuous Integration을 처음 사용하는 경우라면 개발자가 코드를 공유 리포지토리에 자주 통합해야 한다는 개발 관행이라고 이해하자. 코드를 체크인check-in할 때마다 자동 빌드로 코드를 점검함으로써 팀이 문제를 조기에 감지할 수 있게 한다. gRPC 애플리케이션과 관련해 서버와 클라이언트 측 애플리케이션은 독립적이며 서로 다른 기술로 구축될 수 있다. 따라서 CI 프로세스의 일부로 앞 절에서 배운 단위 테스트와 통합 테스트 기술을 사용해 gRPC 클라이언트나 서버 측 코드를 점검해야 한다. 그런 다음 gRPC 애플리케이션을 빌드하는 데 사용하는 언어를 기반으로 해당 애플리케이션의 테스트(예, Go 테스트 또는 자바 JUnit)를 선택한 CI 도구와 통합할 수 있다. 예를 들어 Go 언어를 사용해 테스트를 작성한 경우 젠킨스^Jenkins(https://jenkins.io), 트래비스CI^TravisCI(https://travis-ci.com), 스피내커^Spinnaker (https://www.spinnaker.io) 같은 도구와 Go 테스트를 쉽게 통합할 수 있다.

gRPC 애플리케이션의 테스트와 CI 절차를 설정하고 나면 다음으로 gRPC 애플리케이션을 배포해야 한다.

배포

이제 개발한 gRPC 애플리케이션의 여러 배포^deployment 방법을 살펴보자. gRPC 서버나 클라이언트 애플리케이션을 로컬이나 VM에서 실행하려면 배포는 gRPC 애플리케이션의 해당 프로그래밍 언어로 생성한 바이너리 파일만 활용한다. 이런 로컬이나 VM 기반 배포에서의 gRPC 서버 애플리케이션의 확장과 고가용성은 일반적으로 gRPC 프로토콜을 지원하는 로드밸런서^load balancer와 같은 표준적인 배포 방법을 통해 이뤄진다.

대부분의 최신 애플리케이션은 이제 컨테이너로 배포되기 때문에 컨테이너에 gRPC 애플리케이션을 배포하는 방법을 살펴보는 것도 매우 유용하다. 그리고 도커는 이런 컨테이너 기반 애플리케이션 배포용 표준 플랫폼이다.

도커로의 배포

도커^Docker(https://www.docker.com)는 애플리케이션 개발, 적재^shipping, 실행을 위한 개방형 플랫폼이다. 도커를 사용하면 인프라에서 애플리케이션을 분리할 수 있으며, 컨테이너라고 하는 격리된 환경에서 애플리케이션을 패키징하고 실행하기에 동일한 호스트에서 여러 컨테이너를 실행할 수 있다. 컨테이너는 기존 VM보다 훨씬 가벼우며, 호스트 시스템의 커널 내에서 직접 실행된다.

그럼 gRPC 애플리케이션을 도커 컨테이너로 배포하는 몇 가지 예를 살펴보자.

 도커에 대한 내용은 이 책의 범위를 벗어나기 때문에 도커에 익숙하지 않은 경우 도커 문서(https://docs.docker.com)와 기타 리소스를 참고하는 것이 좋다.

gRPC 서버 애플리케이션을 개발하면 도커 컨테이너를 만들 수 있다. 코드 7-3은 Go 기반 gRPC 서버의 도커파일^{Dockerfile}을 보여주며, 해당 도커파일에는 많은 gRPC 관련 명령이 있다. 이 예에서는 1단계에서 애플리케이션을 빌드한 다음 2단계에서 애플리케이션을 훨씬 가벼운 런타임으로 실행하는 멀티단계^{multistage} 도커 빌드를 사용한다. 생성된 서버 측 코드는 애플리케이션을 빌드하기 전에 컨테이너에 먼저 추가된다.

코드 7-3. Go gRPC 서버용 도커파일

```
# 멀티 단계(Multistage) 빌드

# I 단계 빌드: ❶
FROM golang AS build
ENV location /go/src/github.com/grpc-up-and-running/samples/ch07/grpc-docker/go
WORKDIR ${location}/server

ADD ./server ${location}/server
ADD ./proto-gen ${location}/proto-gen

RUN go get -d ./... ❷
RUN go install ./... ❸

RUN CGO_ENABLED=0 go build -o /bin/grpc-productinfo-server ❹

# II 단계 빌드: ❺
```

```
FROM scratch
COPY --from=build /bin/grpc-productinfo-server /bin/grpc-productinfo-server ❻

ENTRYPOINT ["/bin/grpc-productinfo-server"]
EXPOSE 50051
```

❶ 프로그램을 빌드하려면 Go 언어와 알파인 리눅스^{Alpine Linux}만 필요하다.

❷ 모든 종속성을 다운로드한다.

❸ 모든 패키지를 설치한다.

❹ 서버 애플리케이션을 빌드한다.

❺ Go 바이너리는 단독^{self-contained} 실행 파일이다.

❻ 이전 단계에서 빌드한 바이너리를 새 위치로 복사한다.

도커파일을 작성하면 다음과 같이 도커 이미지를 작성할 수 있다.

```
docker image build -t grpc-productinfo-server -f server/Dockerfile .
```

동일한 접근 방식을 사용해 gRPC 클라이언트 애플리케이션을 생성할 수 있다. 한 가지 다른 점은 도커에서 서버 애플리케이션을 실행하기 때문에 클라이언트 애플리케이션이 gRPC에 연결하는 데 사용하는 호스트 이름과 포트가 다르다는 것이다.

도커에서 서버와 클라이언트 gRPC 애플리케이션 모두를 실행할 때 호스트 컴퓨터를 통해 서로 통신하고 외부 세계와도 통신해야 한다. 따라서 관련된 네트워킹 계층이 있어야 하는데, 도커는 여러 유스케이스에 적합한 다양한 유형의 네트워크를 지원한다. 따라서 서버와 클라이언트 도커 컨테이너를 실행할 때 클라이언트 애플리케이션이 호스트 이름을 기반으로 서버 애플리케이션의 위치를 발견할 수 있도록 공통 네트워크를 지정해야 한다. 이는 클라이언트 애플리케이션 코드가 서버의 호스트 이름에 연결되도록 변경해야 함을 의미한다. 예를 들어 Go gRPC 애플리케이션은 localhost 대신 서비스 호스트 이름을 호출하도록 수정해야 하는 것이다.

```
conn, err := grpc.Dial("productinfo:50051", grpc.WithInsecure())
```

클라이언트 애플리케이션에서 호스트 이름을 하드코딩하지 않고 환경 정보에서 읽을 수도 있다. 이제 클라이언트 애플리케이션이 변경됐다면 도커 이미지를 다시 빌드한 후 다음과 같이 서버와 클라이언트 이미지를 모두 실행한다.

```
docker run -it --network=my-net --name=productinfo \
    --hostname=productinfo
    -p 50051:50051 grpc-productinfo-server ❶

docker run -it --network=my-net \
    --hostname=client grpc-productinfo-client ❷
```

❶ 도커 네트워크 my-net에서 호스트 이름 productinfo, 포트 50051로 gRPC 서버을 실행한다.

❷ 도커 네트워크 my-net에서 gRPC 클라이언트를 실행한다.

도커 컨테이너를 시작할 때 지정된 컨테이너가 실행되는 도커 네트워크를 지정할 수 있다. 서비스가 동일한 네트워크를 공유하는 경우 클라이언트 애플리케이션은 docker run 명령과 함께 제공된 호스트 이름을 사용해 호스트 서비스의 실제 주소를 검색한다.

실행하는 컨테이너 수가 적고 상호작용이 비교적 간단한 경우 도커에서 전체 솔루션을 구축할 수 있다. 그러나 대부분의 실제 시나리오에서는 여러 컨테이너와

그들 간의 상호작용을 관리해야 하는데, 도커만으로 이런 솔루션을 구축하는 것은 매우 귀찮은 일이다. 그래서 컨테이너 오케스트레이션 플랫폼^{container orchestration platform}이 등장한다.

쿠버네티스로의 배포

쿠버네티스는 컨테이너화된 애플리케이션의 배포, 확장, 관리를 자동화하는 오픈소스 플랫폼이다. 도커로 컨테이너화된 gRPC 애플리케이션을 실행하면 기본적으로는 확장성이나 고가용성이 보장되지 않는다. 이런 기능들은 도커 컨테이너와 별도로 구성돼야 한다. 쿠버네티스는 광범위한 확장성과 고가용성 기능이 제공되므로 대부분의 컨테이너 관리와 오케스트레이션^{orchestraction} 작업을 기본 쿠버네티스 플랫폼으로 처리할 수 있다.

쿠버네티스(https://kubernetes.io)는 컨테이너화된 작업(workload)을 실행하고자 안정적이고 확장 가능한 플랫폼을 제공한다. 쿠버네티스는 확장성, 장애 조치(failover), 서비스, 검색(discovery), 구성 관리, 보안, 배포 패턴 등을 처리한다.
쿠버네티스에 대한 내용은 이 책의 범위를 벗어나며, 자세한 내용은 쿠버네티스 문서(https://oreil.ly/csW_8) 및 기타 리소스를 참조하는 것이 좋다.

gRPC 서버 애플리케이션을 쿠버네티스에 배포하는 방법을 살펴보자.

gRPC 서버를 위한 쿠버네티스 배포 리소스

gRPC 서버 애플리케이션을 쿠버네티스로 배포하려면 먼저 해당 애플리케이션을 도커 컨테이너로 만들어야 한다. 앞 절에서 이 작업을 수행했으며 여기에서는 동일한 컨테이너를 사용한다. 컨테이너 이미지를 도커 허브^{Docker Hub}와 같은 컨테이너 레지스트리로 푸시할 수도 있다.

이 예제를 위해 kasunindrasiri/grpc-productinfo-server 태그로 gRPC 서버 도

커 이미지를 도커 허브로 푸시했다. 쿠버네티스 플랫폼은 컨테이너를 직접 관리하지 않고 파드pod라는 추상화를 사용하는데, 이 파드는 하나 이상의 컨테이너를 포함할 수 있는 논리적 단위이자 쿠버네티스의 복제 단위다. 예를 들어 gRPC 서버 애플리케이션의 여러 인스턴스가 필요한 경우 쿠버네티스는 더 많은 파드를 생성할 수 있다. 지정된 파드에서 실행되는 컨테이너는 동일한 리소스와 로컬 네트워크를 공유한다. 다만 현재 예제는 파드에서 gRPC 서버 컨테이너만 실행하면 되기 때문에 컨테이너가 하나인 파드다. 또한 쿠버네티스는 파드를 직접 관리하지 않고 배포deployment라는 다른 추상화를 사용한다. 배포는 한 번에 실행해야 하는 파드 수를 지정하며, 새로운 배포가 생성되면 쿠버네티스는 배포에 지정된 파드 수를 증가시킨다.

쿠버네티스에서 gRPC 서버 애플리케이션을 배포하려면 코드 7-4와 같이 YAML 서술자descriptor를 사용해 쿠버네티스 배포를 만들어야 한다.

코드 7-4. Go gRPC 서버 애플리케이션의 쿠버네티스 배포 서술자

```yaml
apiVersion: apps/v1
kind: Deployment ❶
metadata:
    name: grpc-productinfo-server ❷
spec:
    replicas: 1 ❸
    selector:
        matchLabels:
            app: grpc-productinfo-server
    template:
        metadata:
            labels:
                app: grpc-productinfo-server
        spec:
            containers:
            - name: grpc-productinfo-server ❹
              image: kasunindrasiri/grpc-productinfo-server ❺
```

```
resources:
  limits:
      memory: "128Mi"
      cpu: "500m"
ports:
- containerPort: 50051
    name: grpc
```

❶ 쿠버네티스 Deployment 객체를 선언한다.

❷ 배포 이름이다.

❸ 한 번에 실행되는 gRPC 서버 파드의 개수다.

❹ 연결된 gRPC 서버 컨테이너의 이름이다.

❺ gRPC 서버 컨테이너의 이미지 이름과 태그다.

kubectl apply -f server/grpc-prodinfo-server.yaml 명령을 사용해 쿠버네티스에 위 서술자를 적용하면 쿠버네티스 클러스터에 실행되는 하나의 gRPC 서버 파드에 대한 쿠버네티스 배포가 이뤄진다. 혹시 gRPC 클라이언트 애플리케이션이 동일한 쿠버네티스 클러스터에서 실행 중인 gRPC 서버 파드에 액세스해야 하는 경우 파드의 정확한 IP 주소와 포트를 찾아 RPC를 보내야 한다. 더욱이 파드가 다시 시작되면 IP 주소가 변경될 수 있고 여러 복제본이 실행 중이라면 각 복제본의 여러 IP 주소를 처리해야 한다. 이 한계를 극복하고자 쿠버네티스는 서비스 service라는 추상화를 제공한다.

gRPC 서버를 위한 쿠버네티스 서비스 리소스

쿠버네티스 서비스를 생성하고 이를 매칭되는 파드(이 경우 gRPC 서버 파드)와 연결하면 트래픽을 해당 파드로 자동 라우팅하는 DNS 이름을 얻게 된다. 따라서 요청을 해당 파드로 전달하는 웹 프록시^{web proxy}나 로드밸런서로 서비스를 생각할 수 있다. 코드 7-5는 gRPC 서버 애플리케이션의 쿠버네티스 서비스 서술자를 보여준다.

코드 7-5. Go gRPC 서버 애플리케이션의 쿠버네티스 서비스 서술자

```
apiVersion: v1
kind: Service ❶
metadata:
    name: productinfo ❷
spec:
    selector:
        app: grpc-productinfo-server ❸
    ports:
    - port: 50051 ❹
        targetPort: 50051
        name: grpc
    type: NodePort
```

❶ service 서술자를 지정한다.

❷ 서비스 이름으로, 서비스에 연결할 때 클라이언트 애플리케이션에서 사용한다.

❸ 서비스가 grpc-productinfo-server 레이블을 갖고 있는 파드로 요청을 라우팅한다.

❹ 서비스는 포트 50051에서 실행되고 요청을 대상 포트 50051로 전달한다.

이제 Deployment와 Service 서술자를 모두 만든 다음에는 kubectl apply -f server/grpc-prodinfo-server.yaml을 사용해 이 애플리케이션을 쿠버네티스에 배포한다(두 개의 서술자를 같은 YAML 파일에 포함할 수 있음). 성공적으로 배포되며 실행되는 gRPC 서버 파드, gRPC 서버용 쿠버네티스 서비스와 배포가 제공된다.

다음 단계는 gRPC 클라이언트를 쿠버네티스 클러스터에 배포하는 것이다.

gRPC 클라이언트 실행을 위한 쿠버네티스 잡

쿠버네티스 클러스터에서 gRPC 서버를 실행하면 동일한 클러스터에서 gRPC 클라이언트 애플리케이션을 실행할 수 있다. 클라이언트는 이전 단계에서 생성한 gRPC 서비스인 productinfo를 통해 gRPC 서버에 액세스할 수 있다. 아울러 클라이언트 코드에서 쿠버네티스 서비스 이름을 호스트 이름으로 참조하고 서비스 포트를 gRPC 서버의 포트 이름으로 사용해야 한다. 따라서 클라이언트는 클라이언트의 Go 구현에서 서버에 연결할 때 grpc.Dial("productinfo:50051", grpc. WithInsecure())을 사용한다. 클라이언트 애플리케이션을 지정된 횟수만큼 실행해야 한다고 가정하면(gRPC 서비스를 호출하고, 응답을 기록한 후 종료됨) 쿠버네티스 배포를 사용하는 대신 쿠버네티스 잡^{job}을 사용할 수 있는데, 쿠버네티스 잡은 지정된 횟수만큼 파드를 실행하도록 설계됐다.

gRPC 서버에서와 동일한 방식으로 클라이언트 애플리케이션 컨테이너를 작성할 수 있다. 컨테이너가 도커 레지스트리^{docker registry}로 푸시되고 나면 코드 7-6과 같이 쿠버네티스 잡 서술자를 사용할 수 있다.

코드 7-6. 쿠버네티스 잡으로 실행되는 gRPC 클라이언트 애플리케이션

```yaml
apiVersion: batch/v1
kind: Job ❶
metadata:
    name: grpc-productinfo-client ❷
spec:
    completions: 1 ❸
    parallelism: 1 ❹
    template:
        spec:
            containers:
                - name: grpc-productinfo-client ❺
                    image: kasunindrasiri/grpc-productinfo-client ❻
                restartPolicy: Never
```

```
backoffLimit: 4
```

❶ 쿠버네티스 잡을 지정한다.

❷ 잡 이름이다.

❸ 잡이 완료된 것으로 간주되는 파드의 성공 실행 횟수다.

❹ 동시에 실행되는 파드의 수다.

❺ 연결된 gRPC 클라이언트 컨테이너의 이름이다.

❻ 이 잡과 연관된 컨테이너 이미지다.

이제 kubectl apply -f client/grpc-prodinfo-client-job.yaml을 사용해 gRPC 클라이언트 애플리케이션에 대한 잡을 배포하고 파드 상태를 확인할 수 있다.

잡 실행이 성공적으로 완료되면 RPC를 전송해 ProductInfo gRPC 서비스에 제품을 추가한다. 따라서 서버와 클라이언트 파드에 대한 로그를 확인하면 예상된 정보를 얻을 수 있다.

다음으로 인그레스 리소스를 사용해 gRPC 서비스를 쿠버네티스 클러스터 외부로 노출한다.

gRPC 서비스 외부 공개를 위한 쿠버네티스 인그레스

지금까지는 쿠버네티스에 gRPC 서버를 배포하고 동일한 클러스터에서 실행되는 다른 파드(잡으로 실행 중)에 액세스했다. gRPC 서비스를 쿠버네티스 클러스터 바깥의 외부 애플리케이션에 노출하려면 어떻게 해야 할까? 알다시피 쿠버네티스 서비스 구성은 주어진 파드를 클러스터에서 실행되는 다른 포드에 노출시키기 위한 것으로, 쿠버네티스 서비스는 클러스터 외부에 있는 애플리케이션에서는 접근할 수 없다. 쿠버네티스는 이 목적을 위해 인그레스^{ingress}라는 또 다른 추상화를 제공한다.

인그레스는 쿠버네티스 서비스와 외부 애플리케이션 사이에 있는 로드밸런서로 생각할 수 있다. 인그레스는 외부 트래픽을 서비스로 라우팅한다. 그런 다음 서비스는 일치하는 파드 간에 내부 트래픽을 라우팅한다. 인그레스 컨트롤러는 쿠버네티스 클러스터에서 인그레스 리소스를 관리하고, 클러스터에 따라 인그레스 컨트롤러의 유형과 동작은 달라질 수 있다. 아울러 gRPC 서비스를 외부 애플리케이션에 노출할 때 필수적인 것은 인그레스 레벨에서 gRPC 라우팅을 지원해야 한다. 따라서 gRPC를 지원하는 인그레스 컨트롤러를 선택해야 한다.

여기서는 엔진엑스(https://www.nginx.com) 로드밸런서를 기반으로 하는 엔진엑스(https://oreil.ly/0UC0a) 인그레스 컨트롤러를 사용하는 예를 살펴보려 한다(사용하는 쿠버네티스 클러스터에 따라 gRPC를 지원하는 가장 적절한 인그레스 컨트롤러를 선택할 수 있다). 엔진엑스 인그레이스(https://oreil.ly/wZo5w)는 외부 트래픽을 내부 서비스로 라우팅하고자 gRPC를 지원한다.

따라서 **ProductInfo** gRPC 서버 애플리케이션을 외부 환경(예, 쿠버네티스 클러스터 외부)에 노출시키고자 코드 7-7과 같이 인그레스 리소스를 만들어야 한다.

코드 7-7. Go gRPC 서버 애플리케이션의 쿠버네티스 인그레스 리소스

```yaml
apiVersion: extensions/v1beta1
kind: Ingress ❶
metadata:
    annotations: ❷
        kubernetes.io/ingress.class: "nginx"
        nginx.ingress.kubernetes.io/ssl-redirect: "false"
        nginx.ingress.kubernetes.io/backend-protocol: "GRPC"
    name: grpc-prodinfo-ingress ❸
spec:
    rules:
    - host: productinfo ❹
```

```
http:
    paths:
    - backend:
        serviceName: productinfo ❺
        servicePort: grpc ❻
```

❶ 인그레스 리소스를 지정한다.

❷ 엔진엑스 인그레스 컨트롤러와 관련된 어노테이션^{annotation}과 gRPC를 백엔드 프로토콜로 지정한다.

❸ 인그레스 리소스 이름이다.

❹ 외부 환경에 노출된 호스트 이름이다.

❺ 연관된 쿠버네티스 서비스 이름이다.

❻ 쿠버네티스 서비스에 지정된 서비스 포트의 이름이다.

인그레스 리소스를 배포하기 전에 엔진엑스 인그레스 컨트롤러를 먼저 설치해야 하는데, 쿠버네티스의 인그레스 엔진엑스(https://oreil.ly/l-vFp) 저장소에서 gRPC와 함께 엔진엑스 인그레스 설치와 사용의 자세한 정보를 찾을 수 있다. 이 Ingress 리소스를 배포하면 모든 외부 애플리케이션이 호스트 이름(productinfo)과 기본 포트(80)를 통해 gRPC 서버를 호출할 수 있게 된다.

지금까지 쿠버네티스에 상품 수준의 애플리케이션 배포에 대한 기본 사항을 알아봤다. 이미 살펴봤듯이 쿠버네티스와 도커가 제공하는 기능으로 확장성, 고가용성, 로드밸런싱, 장애 조치 등과 같은 대부분의 비기능적 요구 사항은 쿠버네티스가 기반 플랫폼으로 제공되기 때문에 크게 걱정할 필요가 없다. 따라서 쿠버네티스에서 gRPC 애플리케이션을 실행하는 경우 로드밸런싱, gRPC 코드 수준에서의 이름 리졸빙^{name resolving} 등과 같은 6장에서 배운 특정 개념은 필요하지 않게 된다.

gRPC 기반 애플리케이션을 시작하고 실행한 후에는 서비스 수준으로 애플리케이션이 원활하게 작동해야 한다. 이 목표를 달성하려면 gRPC 애플리케이션을 지속적으로 관찰하고 필요한 경우 적절한 조치를 취해야 한다. 이제 gRPC 애플리케이션의 관찰 가능성 측면에 대한 세부 사항을 살펴보자.

관찰 가능성

앞 절에서 설명한 것과 같이 gRPC 애플리케이션은 일반적으로 여러 개의 컨테이너로 실행되고, 네트워크를 통해 서로 통신을 하는 컨테이너 기반 환경에서 배포되고 실행된다. 이 경우 각 컨테이너를 추적하고 실제 동작하는지 확인하는 방법이 문제가 될 수 있다. 이에 대한 논의가 관찰 가능성^{observability}이다.

위키피디아(https://oreil.ly/FVPTN)에 따르면 '관찰 가능성은 시스템 내부 상태가 외부 출력의 지식으로부터 얼마나 잘 추론될 수 있는지를 나타내는 척도'다. 기본적으로 시스템을 관찰할 수 있게 하는 목적은 "지금 시스템에 문제가 있는가?"라는 질문에 대답하기 위한 것으로, 대답이 '예'라면 "무엇이 잘못 됐는가?", "왜 이런 일이 있어나고 있는가?"와 같은 다른 여러 질문에도 대답할 수 있어야 한다. 아무 때나 시스템의 어느 부분에서든 이러한 질문에 대답할 수 있다면 시스템을 관찰할 수 있다고 말할 수 있다.

그리고 관찰 가능성은 효율성^{efficiency}, 유용성^{usability}, 신뢰성^{reliability}만큼 중요한 시스템 속성이라는 점에도 유의해야 한다. 따라서 gRPC 애플리케이션을 구축할 때 처음부터 고려해야 한다.

관찰 가능성에 관해 이야기할 때 일반적으로 이야기되는 세 가지 주요 축은 메트릭^{metrics}, 로깅^{logging}, 추적^{tracing}이다. 이들은 시스템의 관찰 가능성을 얻는 데 사용되는 주요 기술이다. 다음 절에서 각각에 대해 알아보자.

메트릭

메트릭metric은 일정 간격 동안 측정된 데이터의 숫자 표현이다. 메트릭을 이야기할 때 수집할 수 있는 두 가지 유형의 데이터가 있는데, 하나는 CPU 사용량CPU usage, 메모리 사용량Memory usage 등과 같은 시스템 수준system-level 메트릭이다. 다른 하나는 인바운드 요청률inbound request rate, 요청 에러율request error rate 등과 같은 애플리케이션 수준application-level 메트릭이다.

시스템 수준 메트릭은 일반적으로 애플리케이션이 실행될 때 수집되며, 최근에는 이런 메트릭을 측정하는 다양한 도구가 있고, 일반적으로 데브옵스DevOps 팀에서 수집한다. 그러나 애플리케이션 수준 메트릭은 애플리케이션마다 다르기 때문에 새로운 애플리케이션을 설계할 때는 시스템 동작을 이해하고자 어떤 종류의 애플리케이션 수준 메트릭을 수집해야 하는지 결정해야 한다. 이 절에서는 애플리케이션에서 애플리케이션 수준 메트릭을 활성화하는 방법에 중점을 둔다.

오픈센서스 gRPC 활용

gRPC 애플리케이션에서는 오픈센서스OpenCensus(https://oreil.ly/EMfF-) 라이브러리에서 제공하는 표준 메트릭을 사용할 수 있다. 클라이언트와 서버 애플리케이션 모두에 핸들러를 추가해 쉽게 활성화할 수 있으며, 자체 메트릭 수집기를 추가할 수도 있다(코드 7-8 참고).

 오픈센서스(https://opencensus.io)는 애플리케이션 메트릭과 분산 추적 정보를 수집하기 위한 일련의 오픈소스 라이브러리로, 다양한 언어를 지원한다. 대상 애플리케이션에서 메트릭을 수집하고 선택한 백엔드로 실시간 데이터를 전송한다. 현재 지원되는 백엔드는 애저 모니터(Azure Monitor), 데이터독(Datadog), 인스타나(Instana), 예거(Jaeger), 시그널FX(SignalFX), 스택드라이버(Stackdriver), 제플린(Zipkin)이며, 다른 백엔드에 대해서도 자체 익스포터(exporter)를 작성할 수 있다.

```go
package main

import (
    "errors"
    "log"
    "net"
    "net/http"

    pb "productinfo/server/ecommerce"
    "google.golang.org/grpc"
    "go.opencensus.io/plugin/ocgrpc" ❶
    "go.opencensus.io/stats/view"
    "go.opencensus.io/zpages"
    "go.opencensus.io/examples/exporter"
)

const (
    port = ":50051"
)

// ecommerce/product_info를 구현하는 서버
type server struct {
    productMap map[string]*pb.Product
}

func main() {

    go func() { ❼
        mux := http.NewServeMux()
        zpages.Handle(mux, "/debug")
        log.Fatal(http.ListenAndServe("127.0.0.1:8081", mux))
    }()

    view.RegisterExporter(&exporter.PrintExporter{}) ❷
```

```
        if err := view.Register(ocgrpc.DefaultServerViews...); err != nil {  ❸
            log.Fatal(err)
        }

        grpcServer := grpc.NewServer(grpc.StatsHandler(&ocgrpc.ServerHandler{}))  ❹
        pb.RegisterProductInfoServer(grpcServer, &server{})  ❺

        lis, err := net.Listen("tcp", port)
        if err != nil {
            log.Fatalf("Failed to listen: %v", err)
        }

        if err := grpcServer.Serve(lis); err != nil {  ❻
            log.Fatalf("failed to serve: %v", err)
        }
    }
```

❶ 모니터링 활성화를 위해 추가해야 하는 외부 라이브러리를 지정한다. gRPC 오
픈센서스는 오픈센서스 모니터링을 지원하고자 미리 정의된 핸들러 세트를 제
공하는데, 여기서는 이 핸들러를 사용한다.

❷ 수집된 데이터를 내보내려면 통계 익스포터를 등록해야 한다. 여기에는
PrintExporter를 추가하고 내보낸 데이터를 콘솔^{console}에 기록한다. 이는 데모
목적으로만 사용되며, 일반적으로는 모든 부하를 기록하지 않는 것이 좋다.

❸ 서버 요청 수를 수집하고자 뷰^{view}를 등록한다. RPC당 수신 바이트, RPC당 전송
바이트, RPC당 대기 시간, 완료된 RPC 정보를 수집하는 미리 정의된 기본 서비
스 뷰며, 데이터를 수집하고자 자체 뷰를 작성할 수 있다.

❹ 통계 핸들러와 함께 gRPC 서버를 만든다.

❺ **ProductInfo** 서비스를 gRPC 서버에 등록한다.

❻ 포트(50051)에서 수신 메시지를 리스닝한다.

❼ z-Pages 서버를 시작한다. HTTP 엔드포인트는 메트릭 시각화를 위해 포트 8081에서 **/debug** 콘텍스트로 시작한다.

gRPC 서버와 유사하게 클라이언트 측 핸들러를 사용해 gRPC 클라이언트에서 오픈센서스 모니터링을 활성화할 수 있다. 코드 7-9는 Go로 작성된 gRPC 클라이언트에 메트릭 핸들러를 추가하기 위한 코드의 일부분이다.

코드 7-9. gRPC Go 클라이언트에 대한 오픈센서스 모니터링 활성화

```
Package main

import (
    "context"
    "log"
    "time"

    pb "productinfo/server/ecommerce"
    "google.golang.org/grpc"
    "go.opencensus.io/plugin/ocgrpc" ❶
    "go.opencensus.io/stats/view"
    "go.opencensus.io/examples/exporter"
)

const (
    address = "localhost:50051"
)

func main() {
    view.RegisterExporter(&exporter.PrintExporter{}) ❷

    if err := view.Register(ocgrpc.DefaultClientViews...); err != nil { ❸
        log.Fatal(err)
    }

    conn, err := grpc.Dial(address, ❹
        grpc.WithStatsHandler(&ocgrpc.ClientHandler{}),
```

```
        grpc.WithInsecure(),
    )
    if err != nil {
        log.Fatalf("Can't connect: %v", err)
    }
    defer conn.Close() ❻

    c := pb.NewProductInfoClient(conn) ❺
    .... // RPC 메서드 호출 생략
}
```

❶ 모니터링 활성화를 위해 추가해야 하는 외부 라이브러리를 지정한다.

❷ 수집된 데이터를 내보내려면 통계와 추적 익스포터를 등록해야 한다. 내보낸 데이터를 콘솔에 기록하는 **PrintExporter**를 추가한다. 이는 데모 목적으로만 사용되며, 일반적으로 모든 부하를 기록하지 않는 것이 좋다.

❸ 서버 요청 수를 수집하기 위한 뷰를 등록한다. RPC당 수신 바이트, RPC당 전송 바이트, RPC당 대기 시간, 완료된 RPC 정보를 수집하는 미리 정의된 기본 서비스 뷰며, 데이터를 수집하고자 자체 뷰를 작성할 수 있다.

❹ 클라이언트 통계 핸들러와 함께 서버에 대한 연결을 설정한다.

❺ 서버 연결을 사용해 클라이언트 스텁을 생성한다.

❻ 모든 작업이 완료되면 연결을 닫는다.

서버와 클라이언트를 실행하면 생성된 HTTP 엔드포인트(예, http://localhost:8081/debug/rpcz의 RPC 메트릭과 http://localhost:8081/debug/tracez의 추적 정보)를 통해 서버와 클라이언트 메트릭에 액세스할 수 있다.

앞에서 언급한 것과 같이 미리 정의된 익스포터를 사용해 지원되는 백엔드에 데이터를 보내거나 자체 익스포터를 작성해 추적 정보와 메트릭을 받는 백엔드에 보낼 수도 있다.

다음 절에서는 널리 사용되는 다른 기술인 프로메테우스(https://prometheus.io)를 다루는데, 일반적으로 gRPC 애플리케이션의 메트릭을 활성화하는 데 사용된다.

프로메테우스 gRPC 활용

프로메테우스^{Prometheus}는 시스템 모니터링과 알림^{alerting}를 위한 오픈소스 툴킷이다. gRPC 애플리케이션에 대한 메트릭을 활성화하고자 gRPC 프로메테우스 라이브러리(https://oreil.ly/nm84_)를 통해 프로메테우스를 사용한다. 클라이언트와 서버 애플리케이션 모두에 인터셉터를 추가하면 쉽게 활성화할 수 있으며, 자체 메트릭 수집기^{collector}도 추가할 수 있다.

 프로메테우스는 /metrics 콘텍스트로 시작하는 HTTP 엔드포인트를 호출해 대상 애플리케이션에서 메트릭을 수집한다. 수집된 모든 데이터를 저장하고 데이터에 대한 규칙을 실행해 기존 데이터에서 새로운 시계열(time series)을 집계하고 기록하거나 알림을 생성한다. 집계된 결과를 시각화하고자 그라파나(Grafana, https://grafana.com)와 같은 도구를 사용할 수도 있다.

코드 7-10은 Go로 작성된 제품 관리 서버에 메트릭 인터셉터와 커스텀 메트릭 수집기를 추가하는 방법을 보여준다.

코드 7-10. gRPC Go 서버에 대한 프로메테우스 모니터링 활성화

```
package main

import (
    ...
    "github.com/grpc-ecosystem/go-grpc-prometheus" ❶
    "github.com/prometheus/client_golang/prometheus"
    "github.com/prometheus/client_golang/prometheus/promhttp"
)
```

```
var (
    reg = prometheus.NewRegistry() ❷

    grpcMetrics = grpc_prometheus.NewServerMetrics() ❸

    customMetricCounter = prometheus.NewCounterVec(prometheus.CounterOpts{
        Name: "product_mgt_server_handle_count",
        Help: "Total number of RPCs handled on the server.",
    }, []string{"name"}) ❹
)

func init() {
    reg.MustRegister(grpcMetrics, customMetricCounter) ❺
}

func main() {
    lis, err := net.Listen("tcp", port)
    if err != nil {
        log.Fatalf("failed to listen: %v", err)
    }

    httpServer := &http.Server{
        Handler: promhttp.HandlerFor(reg, promhttp.HandlerOpts{}),
        Addr: fmt.Sprintf("0.0.0.0:%d", 9092)} ❻
    grpcServer := grpc.NewServer(
        grpc.UnaryInterceptor(grpcMetrics.UnaryServerInterceptor()), ❼
    )

    pb.RegisterProductInfoServer(grpcServer, &server{})
    grpcMetrics.InitializeMetrics(grpcServer) ❽

    // 프로메테우스에 대한 http 서버를 시작한다.
    go func() {
        if err := httpServer.ListenAndServe(); err != nil {
            log.Fatal("Unable to start a http server.")
        }
    }()
```

```
    if err := grpcServer.Serve(lis); err != nil {
        log.Fatalf("failed to serve: %v", err)
    }
}
```

❶ 모니터링을 활성화하려면 추가해야 하는 외부 라이브러리를 지정한다. gRPC 생태계^ecosystem는 프로메테우스 모니터링 지원을 위해 미리 정의된 인터셉터들을 제공한다. 여기서는 제공된 인터셉터를 사용한다.

❷ 메트릭 레지스트리를 만든다. 이는 시스템에 등록된 모든 데이터 수집기를 갖고 있으며, 새 수집기를 추가하려면 레지스트리에 등록해야 한다.

❸ 표준 서버 메트릭을 만든다. 라이브러리가 갖고 있는 미리 정의된 메트릭들이다.

❹ 이름이 product_mgt_server_handle_count인 커스텀 메트릭 카운터^counter를 만든다.

❺ 2단계에서 만든 레지스트리에 표준 서버 메트릭과 커스텀 메트릭 수집기를 등록한다.

❻ 프로메테우스용 HTTP 서버를 생성한다. HTTP 엔드포인트는 메트릭 수집을 위해 포트 9092의 /metrics 콘텍스트로 시작한다.

❼ 메트릭 인터셉터를 사용해 gRPC 서버를 생성한다. 여기서는 단일 서비스이므로 grpcMetrics.UnaryServerInterceptor를 사용한다. 스트리밍 서비스를 위한 grpcMetrics.StreamServerInterceptor()라는 다른 인터셉터도 제공된다.

❽ 모든 표준 메트릭을 초기화한다.

4단계에서 생성한 커스텀 메트릭 카운터를 사용해 모니터링할 메트릭을 더 추가할 수 있다. 제품 관리 시스템에 동일한 이름의 제품이 몇 개나 추가되는지 수집해보자. 코드 7-11과 같이 addProduct 메서드에서 customMetricCounter에 새 메트릭을 추가할 수 있다.

코드 7-11. 커스텀 메트릭 카운터에 새 메트릭 추가

```
// AddProduct는 ecommerce.AddProduct를 구현한다.
func (s *server) AddProduct(ctx context.Context,
        in *pb.Product) (*wrapper.StringValue, error) {
    customMetricCounter.WithLabelValues(in.Name).Inc()
    ...
}
```

gRPC 서버와 마찬가지로 클라이언트 측 인터셉터를 사용해 gRPC 클라이언트에서도 프로메테우스 모니터링을 활성화할 수 있다. 코드 7-12는 Go로 작성된 gRPC 클라이언트에 메트릭 인터셉터를 추가하는 코드의 일부다.

코드 7-12. gRPC Go 클라이언트에 대한 프로메테우스 모니터링 활성화

```
package main

import (
    ...
    "github.com/grpc-ecosystem/go-grpc-prometheus" ❶
    "github.com/prometheus/client_golang/prometheus"
    "github.com/prometheus/client_golang/prometheus/promhttp"
)

const (
    address = "localhost:50051"
)

func main() {
    reg := prometheus.NewRegistry() ❷
    grpcMetrics := grpc_prometheus.NewClientMetrics() ❸
    reg.MustRegister(grpcMetrics) ❹
```

```
conn, err := grpc.Dial(address,
        grpc.WithUnaryInterceptor(grpcMetrics.UnaryClientInterceptor()), ❺
        grpc.WithInsecure(),
)

if err != nil {
    log.Fatalf("did not connect: %v", err)
}
defer conn.Close()

// 프로메테우스용 HTTP 서버 생성
httpServer := &http.Server{
    Handler: promhttp.HandlerFor(reg, promhttp.HandlerOpts{}),
    Addr: fmt.Sprintf("0.0.0.0:%d", 9094)} ❻

// 프로메테우스용 HTTP 서버 시작
go func() {
    if err := httpServer.ListenAndServe(); err != nil {
        log.Fatal("Unable to start a http server.")
    }
}()

c := pb.NewProductInfoClient(conn)
...
}
```

❶ 모니터링를 활성화하고자 추가해야 하는 외부 라이브러리를 지정한다.

❷ 메트릭 레지스트리를 만든다. 서버 코드와 유사하게 시스템에 등록된 모든 데이터 수집기를 갖고 있으며, 새 수집기를 추가하려면 레지스트리에 등록해야한다.

❸ 표준 클라이언트 메트릭을 만든다. 라이브러리가 갖고 있는 미리 정의된 메트릭들이다.

❹ 2단계에서 만든 레지스트리에 표준 클라이언트 메트릭을 등록한다.

❺ 메트릭 인터셉터와 함께 서버에 대한 연결을 설정한다. 여기서는 단일 클라이언트이므로 grpcMetrics.UnaryClientInterceptor를 사용한다. 클라이언트 스트리밍용 grpcMetrics.StreamClientInterceptor()라는 다른 인터셉터도 제공된다.

❻ 프로메테우스용 HTTP 서버를 생성한다. HTTP 엔드포인트는 메트릭 수집을 위해 포트 9094의 /metrics 콘텍스트로 시작한다.

서버와 클라이언트를 실행하면 생성된 HTTP 엔드포인트(예, http://localhost:9092/metrics의 서버 메트릭과 http://localhost:9094/metrics의 클라이언트 메트릭)를 통해 서버와 클라이언트 메트릭에 액세스할 수 있다.

앞에서 언급했지만 프로메테우스는 앞의 URL에 액세스해 메트릭을 수집할 수 있으며, 모든 메트릭 데이터를 로컬로 저장하고 규칙을 적용해 새 레코드를 집계하고 생성한다. 아울러 프로메테우스를 데이터 소스로 사용함으로써 그라파나 Grafana와 같은 도구를 사용해 대시보드에서 메트릭을 시각화할 수 있다.

그라파나는 그라파이트(Graphite), 엘라스틱서치(Elasticsearch), 프로메테우스용 오픈소스 메트릭 대시보드와 그래프 편집기다. 메트릭 데이터를 쿼리하고 시각화함으로써 이해를 돕는다.

시스템에서 메트릭 기반 모니터링의 장점은 시스템 활동에 따라 메트릭 데이터 처리 비용이 증가하지 않는다는 것이다. 예를 들어 애플리케이션 트래픽이 증가해도 디스크 사용률, 처리 복잡성, 시각화 속도, 운영비용 등과 같은 처리 비용이 증가하진 않는다. 오버헤드가 일정하며, 일단 메트릭을 수집하면 수많은 수학적 변환과 통계적 변환을 수행하고, 시스템에 대한 가치 있는 결론을 만들 수 있다.

관찰 가능성의 또 다른 축인 로그는 다음 절에서 알아본다.

로그

로그는 시간이 지남에 따라 발생하는 불변^{immutable}의 타임스탬프된 개별 이벤트 기록이다. 애플리케이션 개발자는 일반적으로 데이터를 로그에 기록해 특정 시점에 시스템 내부 상태를 알린다. 로그의 장점은 메트릭보다 생성하기 쉽고 구체적이라는 점이다. 고유한 ID, 수행할 작업, 스택 트레이스$^{stack\ trace}$ 등과 같은 특정 작업이나 다양한 콘텍스트를 추가할 수 있다.

단점은 쉽게 검색하고 확인할 수 있는 방식으로 저장하고 색인을 생성해야 하기 때문에 비용이 매우 많이 든다는 점이다.

gRPC 애플리케이션에서는 인터셉터를 사용해 로깅을 활성화할 수 있다. 5장에서 설명한 것처럼 클라이언트와 서버 모두에 새로운 로깅 인터셉터를 지정하고 각 원격 호출의 요청과 응답 메시지를 기록한다.

 gRPC 생태계는 Go 애플리케이션을 위해 미리 정의된 로깅 인터셉터들을 제공한다. 여기에는 요청 바디(request body)에서 채워진 데이터와 함께 콘텍스트에 태그(Tag) 맵을 추가하는 grpc_ctxtags 라이브러리, 잽(zap, https://oreil.ly/XMllg) 로깅 라이브러리를 gRPC 핸들러로 통합하는 grpc_zap 라이브러리, 로그러스(logurs, https://oreil.ly/oKJX5)를 gRPC 핸들러로 통합하는 grpc_logrus 라이브러리를 포함한다. 이들 인터셉터에 대한 자세한 내용은 gRPC Go 미들웨어 저장소(https://oreil.ly/8lNaH)를 확인하자.

gRPC 애플리케이션에 로그를 추가하면 로깅 구성 방법에 따라 콘솔 로그파일^{logfile}에 출력되는데, 로깅을 구성하는 방법은 사용한 로깅 프레임워크에 따라 다르다.

지금까지 관찰 가능성과 로그라는 두 가지 축을 알아봤다. 이들은 개별 시스템의 성능과 동작을 이해하기에 충분하지만 여러 시스템으로 들어오는 요청의 라이프타임^{lifetime}을 이해하기에는 충분하지 않다. 분산 추적$^{Distributed\ tracing}$은 여러 시스템에 걸친 요청 라이프타임의 가시성을 제공하는 기술이다.

추적

추적은 분산 시스템을 통한 엔드투엔드^{end-to-end} 요청 흐름을 구성하는 일련의 관련 이벤트를 나타낸다. 3장의 '마이크로서비스 통신을 위한 gRPC' 절에서 다룬 것처럼 실제 시나리오에는 서로 다른 특정 비즈니스 기능을 제공하는 여러 마이크로서비스가 존재한다. 따라서 클라이언트에서 시작하는 요청은 일반적으로 응답이 클라이언트로 돌아가기 전에 여러 서비스와 다른 시스템을 거치고, 이런 모든 중간 이벤트도 요청 흐름의 일부다. 추적을 통해 요청이 통과한 경로와 요청 구조를 모두 파악할 수 있다.

추적에서 추적 단위는 분산 추적의 기본 구성인 스팬 트리^{tree of spans}로, 작업에 대한 메타데이터, 대기 시간(작업을 완료하는 데 소요된 시간)과 기타 관련 작업 속성이 포함된다. 추적에는 고유한 바이트 시퀀스인 TraceID라는 자체 ID를 갖는데, 그룹화하고 다른 스팬과의 구분에 사용된다. gRPC 애플리케이션에서 추적을 사용하도록 설정해보자.

메트릭과 마찬가지로 오픈센서스 라이브러리는 gRPC 애플리케이션에서 추적을 사용하도록 지원한다. 오픈센서스를 사용해 제품 관리 애플리케이션에서 추적을 활성화해보자. 앞에서 언급했듯이 지원되는 모든 익스포터를 추가하고 추적 데이터를 다른 백엔드로 내보낼 수 있다. 분산 추적의 예로 예거^{Jaeger}를 사용한다.

기본적으로 gRPC Go에서는 추적이 활성화된다. 따라서 gRPC Go와 통합을 위해 추적 수집을 시작하려면 익스포터만 등록하면 된다. 클라이언트와 서버 애플리케이션에서 예거 익스포터를 시작해보자. 코드 7-13은 라이브러리를 사용해 오픈센서스 예거 익스포터를 시작하는 방법을 보여준다.

코드 7-13. 오픈센서스 예거 익스포터 초기화

```go
package tracer

import (
    "log"

    "go.opencensus.io/trace" ❶
    "contrib.go.opencensus.io/exporter/jaeger"
)

func InitTracing() {
    trace.ApplyConfig(trace.Config{DefaultSampler: trace.AlwaysSample()})
    agentEndpointURI := "localhost:6831"
    collectorEndpointURI := "http://localhost:14268/api/traces" ❷
    exporter, err := jaeger.NewExporter(jaeger.Options{
        CollectorEndpoint: collectorEndpointURI,
        AgentEndpoint: agentEndpointURI,
        ServiceName: "product_info",
    })
    if err != nil {
        log.Fatal(err)
    }
    trace.RegisterExporter(exporter) ❸
}
```

❶ 오픈센서스와 예거 라이브러리를 임포트한다.

❷ 수집기 엔드포인트, 서비스 이름, 에이전트 엔드포인트로 예거 익스포터를 생성한다.

❸ 오픈센서스 추적자tracer에 익스포터를 등록한다.

서버에 익스포터를 등록하면 추적을 통해 서버를 계측instrument할 수 있다. 코드 7-14는 서비스 메서드에서 추적을 계측하는 방법을 보여준다.

코드 7-14. gRPC 서비스 메서드 계측

```
// GetProduct는 ecommerce.GetProduct를 구현한다.
func (s *server) GetProduct(ctx context.Context, in *wrapper.StringValue) (
        *pb.Product, error) {
    ctx, span := trace.StartSpan(ctx, "ecommerce.GetProduct") ❶
    defer span.End() ❷
    value, exists := s.productMap[in.Value]
    if exists {
        return value, status.New(codes.OK, "").Err()
    }
    return nil, status.Errorf(codes.NotFound, "Product does not exist.", in.Value)
}
```

❶ 스팬 이름과 콘텍스트를 사용해 새로운 스팬을 시작한다.

❷ 모든 작업이 끝나면 스팬을 중지한다.

gRPC 서버와 유사하게 코드 7-15와 같이 추적을 통해 클라이언트를 계측할 수 있다.

코드 7-15. gRPC 클라이언트 계측

```
package main

import (
    "context"
    "log"

    pb "productinfo/client/ecommerce"
    "productinfo/client/tracer"

    wrapper "github.com/golang/protobuf/ptypes/wrappers"
    "go.opencensus.io/trace" ❶
    "google.golang.org/grpc"
)
```

```
const (
    address = "localhost:50051"
)

func main() {
    tracer.InitTracing()  ❷

    conn, err := grpc.Dial(address, grpc.WithInsecure())
    if err != nil {
        log.Fatalf("did not connect: %v", err)
    }
    defer conn.Close()
    c := pb.NewProductInfoClient(conn)

    ctx, span := trace.StartSpan(context.Background(),
            "ecommerce.ProductInfoClient")  ❸

    name := "Apple iphone 11"
    description := "Apple iphone 11 is the latest smartphone,
            launched in September 2019"
    price := float32(700.0)
    r, err := c.AddProduct(ctx, &pb.Product{Name: name,
            Description: description, Price: price})  ❺
    if err != nil {
        log.Fatalf("Could not add product: %v", err)
    }
    log.Printf("Product ID: %s added successfully", r.Value)

    product, err := c.GetProduct(ctx, &wrapper.StringValue{Value: r.Value})  ❻
    if err != nil {
        log.Fatalf("Could not get product: %v", err)
    }
    log.Printf("Product: ", product.String())
    span.End()  ❹
}
```

❶ 오픈센서스와 예거 라이브러리를 임포트한다.

❷ initTracing 함수를 호출해 예거 익스포터 인스턴스를 초기화하고 추적에 등록한다.

❸ 스팬 이름과 콘텍스트를 사용해 새로운 스팬을 시작한다.

❹ 모든 작업이 끝나면 스팬을 중지한다.

❺ 새 제품 세부 정보를 지정해 addProduct 원격 메서드를 호출한다.

❻ productID를 지정해 getProduct 원격 메서드를 호출한다.

일단 서버와 클라이언트를 실행하면 추적 스팬이 예거 에이전트에 게시돼 데몬 프로세스가 클라이언트에서 일괄 처리와 라우팅을 추상화하는 버퍼 역할을 한다. 예거 에이전트는 클라이언트에서 추적 로그를 받으면 이를 수집기로 전달하고, 수집기는 로그를 처리하고 저장한다. 그리고 예거 서버에서 추적을 시각화할 수 있다.

이것으로 관찰 가능성의 설명을 마친다. 로그, 메트릭스, 추적은 고유한 용도로 사용되며, 시스템에서 세 축 모두 활성화해 내부 상태를 최대한 잘 파악하는 것이 좋다.

서비스 수준 환경에서 gRPC 기반의 관찰 가능 애플리케이션을 실행하며, 상태를 계속 지켜 볼 수 있고, 이슈나 시스템의 중단을 쉽게 확인할 수 있다. 시스템의 이슈를 진단diagnose할 때는 가능한 한 빨리 해결책을 찾고 테스트한 후 프로덕션 환경에 배포해야 한다. 이런 목표를 달성하려면 우수한 디버깅과 문제 해결 메커니즘이 필요하다. gRPC 애플리케이션용 관련 메커니즘의 세부 사항을 살펴보자.

디버깅과 문제 해결

디버깅^{debugging}과 문제 해결^{troubleshooting}은 문제의 근본 원인을 찾고 애플리케이션에서 발생한 문제를 해결하는 프로세스다. 이슈를 디버깅하고 해결하려면 먼저 하위 환경^{lower environment}(개발 또는 테스트 환경이라고 함)에서 동일한 문제를 재현해야 한다. 따라서 프로덕션 환경과 유사한 요청 부하를 생성하는 도구들이 필요하다.

이런 도구는 서비스 정의를 기반으로 메시지 인코딩과 디코딩을 모두 지원하고 HTTP/2를 지원해야 하기 때문에 이 과정은 HTTP 서비스보다 gRPC 서비스에서 상대적으로 어렵다. HTTP를 테스트하는 데 사용되는 컬^{curl}이나 포스트맨^{Postman}과 같은 일반적인 도구는 gRPC 서비스를 테스트하는 데 사용할 수 없다.

그럼에도 불구하고 gRPC 서비스 디버깅과 테스트에 사용할 수 있는 흥미로운 도구가 많다. 멋진 gRPC 저장소(https://oreil.ly/Ki2aZ)에서 이런 도구 목록을 찾을 수 있는데, gRPC에서 사용할 수 있는 훌륭한 리소스 모음이 들어 있다. gRPC 애플리케이션을 디버깅하는 가장 일반적인 방법 중 하나는 추가 로깅^{extra logging}을 사용하는 것이다.

추가 로깅 활성화

gRPC 애플리케이션의 문제를 진단하고자 추가 로그^{extra logs}와 추적을 활성화할 수 있는데, gRPC Go 애플리케이션에서 다음 환경 변수를 설정하면 추가 로그가 활성화된다.

```
GRPC_GO_LOG_VERBOSITY_LEVEL=99 ❶
GRPC_GO_LOG_SEVERITY_LEVEL=info ❷
```

❶ 상세 사항^{Verbosity}은 5분마다 하나의 정보 메시지가 몇 번 출력돼야 하는지를 의미한다. 기본값으로 0이 설정돼 있다.

❷ 로그 심각도^{severity} 레벨을 info로 설정한다. 모든 정보성 메시지가 출력된다.

gRPC 자바 애플리케이션에는 로그 레벨을 제어하기 위한 환경 변수가 없다. 로그 레벨 변경을 위해 logging.properties 파일을 제공해 추가 로그를 켜야 한다. 애플리케이션에서 전송 레벨$^{transport-level}$ 프레임의 문제점을 해결한다고 가정해보자. 애플리케이션에서 새 logging.properties 파일을 작성하고 다음과 같이 하위 로그 레벨을 특정 자바 패키지(netty transport package)로 설정하면 된다.

```
handlers=java.util.logging.ConsoleHandler
io.grpc.netty.level=FINE
java.util.logging.ConsoleHandler.level=FINE
java.util.logging.ConsoleHandler.formatter=java.util.logging.SimpleFormatter
```

그런 다음 JVM 플래그를 사용해 자바 바이너리를 다음과 같이 시작한다.

```
-Djava.util.logging.config.file=logging.properties
```

애플리케이션에서 낮은 로그 레벨을 설정하면 해당 레벨이 구성된 로그 레벨과 같거나 높은 모든 로그가 콘솔이나 로그 파일에 출력된다. 로그를 읽음으로써 시스템 상태에 대한 가치 있는 인사이트^{insight}를 얻을 수 있다.

이를 통해 서비스 수준에서 gRPC 애플리케이션을 실행할 때 알아야 할 대부분의 내용을 다뤘다.

요약

상품 수준 gRPC 애플리케이션을 만들려면 애플리케이션 개발과 관련된 여러 측면에 중점을 둬야 한다. 먼저 서비스 계약을 설계하고 서비스나 클라이언트에 대한 코드를 생성한 다음 서비스 비즈니스 로직을 구현한다. 서비스를 구현한 후에는 gRPC 애플리케이션 상품을 준비하고자 다음과 같은 사항에 중점을 둬야 한다. 우선 gRPC 서버와 클라이언트 애플리케이션의 테스트는 필수적이다.

다음으로 gRPC 애플리케이션 배포는 표준 개발 방법론을 따른다. 로컬과 VM 배포의 경우 간단하게 서버나 클라이언트 프로그램의 생성된 바이너리를 사용한다. gRPC 애플리케이션을 도커 컨테이너로 실행할 수 있는데, 도커로의 Go와 자바 애플리케이션 배포용 샘플 표준 도커파일을 확인할 수 있다. 쿠버네티스에서 gRPC를 실행하는 것은 표준 쿠버네티스 배포와 유사하다. 쿠버네티스에서 gRPC 애플리케이션을 실행할 때는 로드밸런싱, 고가용성, 인그레스 컨트롤러 등과 같은 기본 기능을 사용한다. gRPC 애플리케이션을 관찰 가능하게 만드는 것은 서비스 환경에서 사용하는 데 중요하며, gRPC 애플리케이션 수준 메트릭도 gRPC 애플리케이션이 서비스 환경에서 작동할 때 자주 사용된다.

gRPC에서 가장 많이 사용되는 메트릭스 지원 구현체 중 하나인 gRPC 프로메테우스 라이브러리에서는 메트릭을 수집하고자 서버와 클라이언트 인터셉터를 사용하며, gRPC 로깅도 인터셉터를 통해 활성화된다. 서비스 수준 gRPC 애플리케이션의 경우 추가 로깅을 활성화해 문제를 해결하거나 디버깅해야 할 수도 있다. 8장에서는 gRPC 애플리케이션 구축에 유용한 일부 gRPC 생태계 구성 요소를 살펴본다.

gRPC 생태계

8장에서는 핵심 gRPC 구현에는 포함되진 않지만 실제 적용 시 gRPC 애플리케이션을 빌드하고 실행하는 데 매우 유용한 일부 프로젝트를 살펴본다. 이 프로젝트들은 gRPC 생태계의 상위 프로젝트 중 일부며, 여기에 언급된 기술들은 gRPC 애플리케이션을 실행하는 데 필수는 아니다. 다만 특정 프로젝트가 제시하는 유사한 요구 사항이 있다면 해당 기술을 확인하고 평가해보자.

gRPC 게이트웨이를 살펴보자.

gRPC 게이트웨이

gRPC 게이트웨이^{gateway} 플러그인을 사용하면 프로토콜 버퍼 컴파일러가 gRPC 서비스 정의를 읽고 리버스 프록시 서버^{reverse proxy server}를 생성하는데, 이 서버는 RESTful JSON API를 gRPC로 변환한다. gRPC뿐만 아니라 HTTP 클라이언트 애플리케이션에서 gRPC 서비스가 호출될 수 있도록 지원하고자 Go 언어용으로 특별히 개발됐다. 그림 8-1은 gRPC와 RESTful 방식으로 gRPC 서비스를 호출하는 기능을 제공하는 방법을 보여준다.

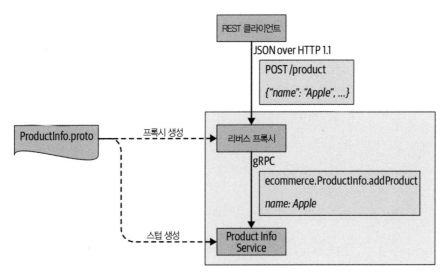

그림 8-1. gRPC 게이트웨이

그림과 같이 `ProductInfo` 서비스 계약이 있으며 이 계약을 사용해 `ProductInfoService` gRPC 서비스를 구축한다. 앞서 이 gRPC 서비스와 통신을 하는 gRPC 클라이언트를 구축했지만, 여기서는 gRPC 클라이언트를 빌드하는 대신 gRPC 서비스의 각 원격 메서드에 대해 RESTful API를 노출하고 REST 클라이언트의 HTTP 요청을 수락하는 리버스 프록시 서비스를 생성한다. HTTP 요청을 받으면 이 요청을 gRPC 메시지로 변환하고 백엔드 서비스의 원격 메서드를 호출하며, 백엔드 서버의 응답 메시지는 다시 HTTP 응답으로 변환돼 클라이언트에 전송된다.

서비스 정의 기반으로 리버스 프록시 서비스를 생성하려면 먼저 서비스 정의를 수정해 gRPC 메서드를 HTTP 리소스에 매핑해야 한다. 매핑 항목을 추가하고자 이미 생성했던 동일한 `ProductInfo` 서비스 정의를 사용한다. 코드 8-1은 수정된 프로토콜 버퍼 정의를 보여준다.

코드 8-1. `ProductInfo` 서비스에 대한 프로토콜 버퍼 정의의 수정

```
syntax = "proto3";
```

```
import "google/protobuf/wrappers.proto";
import "google/api/annotations.proto"; ❶

package ecommerce;

service ProductInfo {
    rpc addProduct(Product) returns (google.protobuf.StringValue) {
        option (google.api.http) = { ❷
            post: "/v1/product"
            body: "*"
        };
    }
    rpc getProduct(google.protobuf.StringValue) returns (Product) {
        option (google.api.http) = { ❸
            get:"/v1/product/{value}"
        };
    }
}

message Product {
    string id = 1;
    string name = 2;
    string description = 3;
    float price = 4;
}
```

❶ 프로토콜 정의에 어노테이션 지원을 추가하고자 google/api/annotations.proto 프로토 파일을 임포트한다.

❷ addProduct 메서드에 gRPC/HTTP 매핑을 추가한다. URL 경로 템플릿(/v1/product), HTTP 메서드('post')와 메시지 본문을 지정한다. 경로 매핑에 의해 바인딩되지 않은 모든 필드가 요청 본문에 매핑되도록 정의하고자 본문 매핑에 *가 사용된다.

❸ getProduct 메서드에 gRPC/HTTP 매핑을 추가한다. 여기서는 URL 경로 템플릿이 /v1/product/{value}이고 ProductID가 경로 파라미터로 전달되는 GET 메서드다.

gRPC 메서드를 HTTP 리소스에 매핑할 때 알아야 할 추가 규칙이 있다. 다음은 몇 가지 중요한 규칙으로, HTTP-gRPC 매핑에 대한 자세한 내용은 구글 API 문서 (https://oreil.ly/iYyZC)를 참고하자.

- 각 매핑은 URL 경로 템플릿과 HTTP 메서드를 지정한다.

- 경로 템플릿은 gRPC 요청 메시지에 하나 이상의 필드를 포함할 수 있다. 그러나 해당 필드는 기본 타입으로 반복되지 않아야 한다.

- 경로 템플릿에 없는 요청 메시지의 모든 필드는 HTTP 요청 본문이 없는 경우에 자동으로 HTTP 쿼리 파라미터^query parameter^가 된다.

- URL 쿼리 파라미터에 매핑되는 필드는 기본 타입이거나 기본 타입의 반복 또는 반복되지 않는 메시지 타입이어야 한다.

- 쿼리 파라미터에서 반복되는 필드 타입의 경우 URL에서 ...?param=A& param=B와 같이 파라미터가 반복된다.

- 쿼리 파라미터의 메시지 타입의 경우 메시지 각 필드는 ...?foo.a=A& foo.b=B&foo.c=C와 같은 별도의 파라미터로 매핑된다.

서비스 정의를 작성하면 프로토콜 버퍼 컴파일러를 사용해 이를 컴파일하고 리버스 프록시 서비스의 소스코드를 생성해야 한다. 이제 Go 언어로 코드를 생성하고 서버를 구현하는 방법을 알아보자.

서비스 정의를 컴파일하기 전에 몇 가지 종속 패키지를 가져와야 하는데, 다음 명령을 사용해 패키지를 다운로드하면 된다.

```
go get -u github.com/grpc-ecosystem/grpc-gateway/protoc-gen-grpc-gateway
go get -u github.com/grpc-ecosystem/grpc-gateway/protoc-gen-swagger
go get -u github.com/golang/protobuf/protoc-gen-go
```

패키지를 다운로드한 후 다음 명령을 실행해 서비스 정의(product_info.proto)를 컴파일하고 스텁을 생성한다.

```
protoc -I/usr/local/include -I. \
 -I$GOPATH/src \
 -I$GOPATH/src/github.com/grpc-ecosystem/grpc-gateway/third_party/googleapis \
 --go_out=plugins=grpc:. \
 product_info.proto
```

위 명령을 실행하면 동일한 위치에 스텁(product_info.pb.go)이 생성된다. 생성된 스텁 외에도 RESTful 클라이언트 호출 지원용 리버스 프록시 서비스를 작성해야 한다. 이 리버스 프록시 서비스는 Go 컴파일러에서 지원되는 게이트웨이 플러그인으로 생성할 수 있다.

 gRPC 게이트웨이는 Go 언어만 지원되므로 다른 언어로 gRPC 게이트웨이에 대한 리버스 프록시 서비스를 컴파일하고 생성할 수 없다.

다음 명령을 실행해 서비스 정의에서 리버스 프록시 서비스를 다음과 같이 생성해보자.

```
protoc -I/usr/local/include -I. \
 -I$GOPATH/src \
 -I$GOPATH/src/github.com/grpc-ecosystem/grpc-gateway/third_party/googleapis \
 --grpc-gateway_out=logtostderr=true:. \
```

명령을 실행하면 동일한 위치에 리버스 프록시 서비스(product_info.pb.gw.go)가
생성된다.

HTTP 서버의 리스너 엔드포인트를 작성하고 방금 작성한 리버스 프록시 서비스
를 실행해보자. 코드 8-2는 새 서버 인스턴스를 만들고 인바운드 HTTP 요청을 수
신하도록 서비스를 등록하는 방법을 보여준다.

코드 8-2. Go 언어 HTTP 리버스 프록시

```go
package main

import (
    "context"
    "log"
    "net/http"

    "github.com/grpc-ecosystem/grpc-gateway/runtime"
    "google.golang.org/grpc"

    gw "github.com/grpc-up-and-running/samples/ch08/grpc-gateway/go/gw" ❶
)

var (
    grpcServerEndpoint = "localhost:50051" ❷
)

func main() {
    ctx := context.Background()
    ctx, cancel := context.WithCancel(ctx)
    defer cancel()

    mux := runtime.NewServeMux()
    opts := []grpc.DialOption{grpc.WithInsecure()}
    err := gw.RegisterProductInfoHandlerFromEndpoint(ctx, mux,
```

```
        grpcServerEndpoint, opts) ❸
    if err != nil {
        log.Fatalf("Fail to register gRPC gateway service endpoint: %v", err)
    }

    if err := http.ListenAndServe(":8081", mux); err != nil { ❹
        log.Fatalf("Could not setup HTTP endpoint: %v", err)
    }
}
```

❶ 생성된 리버스 프록시 코드가 있는 위치에 대한 패키지를 임포트한다.

❷ gRPC 서버 엔드포인트 URL을 지정한다. 지정된 엔드포인트에서 백엔드 gRPC
서버가 실행 중이어야 한다. 여기서는 2장에서 만든 동일한 gRPC 서비스를 사
용한다.

❸ 프록시 핸들러로 gRPC 서버 엔드포인트를 등록한다. 런타임 시 요청 멀티플렉
서는 HTTP 요청이 패턴과 일치하면 해당 핸들러를 호출한다.

❹ 포트(8081)에서 HTTP 요청에 대한 리스닝을 시작한다.

HTTP 리버스 프록시 서버를 구축하면 gRPC 서버와 HTTP 서버를 모두 실행해 테
스트할 수 있는데, 이 경우 gRPC 서버는 포트 50051에서 수신 대기하고 HTTP 서버
는 포트 8081에서 수신 대기한다.

이제 curl에서 몇 가지 HTTP 요청을 만들고 동작을 확인해보자.

1. **ProductInfo** 서비스에 새 제품을 추가한다.

```
$ curl -X POST http://localhost:8081/v1/product \
        -d '{"name": "Apple", "description": "iphone7", "price": 699}'
```

2. ProductID를 사용해 기존 제품 정보를 얻는다.

```
$ curl http://localhost:8081/v1/product/38e13578-d91e-11e9

{"id":"38e13578-d91e-11e9","name":"Apple","description":"iphone7",
"price":699}
```

3. 리버스 프록시 서비스뿐만 아니라 gRPC 게이트웨이는 다음 명령을 실행
해 리버스 프록시 서비스의 스웨거[1] 정의 생성을 지원한다.

```
protoc -I/usr/local/include -I. \
    -I$GOPATH/src \
    -I$GOPATH/src/github.com/grpc-ecosystem/grpc-gateway/\
    third_party/googleapis \
    --swagger_out=logtostderr=true:. \
    product_info.proto
```

4. 위 명령을 실행하면 동일한 위치에 리버스 프록시 서비스에 대한 스웨거
정의(product_info.swagger.json)가 생성된다. ProductInfo 서비스의 경우
생성된 스웨거 정의는 다음과 같다.

```
{
    "swagger": "2.0",
    "info": {
        "title": "product_info.proto",
        "version": "version not set"
    },
    "schemes": [
        "http",
```

---

1. REST 웹 서비스에 대한 설계, 빌드, 문서화 등을 지원한 오픈소스 프레임워크로, 주로 API 문서 자동화에 사용된다. – 옮긴이

```
        "https"
    ],
    "consumes": [
        "application/json"
    ],
    "produces": [
        "application/json"
    ],
    "paths": {
        "/v1/product": {
            "post": {
                "operationId": "addProduct",
                "responses": {
                    "200": {
                        "description": "A successful response.",
                        "schema": {
                            "type": "string"
                        }
                    }
                },
                "parameters": [
                    {
                        "name": "body",
                        "in": "body",
                        "required": true,
                        "schema": {
                            "$ref": "#/definitions/ecommerceProduct"
                        }
                    }
                ],
                "tags": [
                    "ProductInfo"
                ]
            }
        },
```

```
"/v1/product/{value}": {
    "get": {
        "operationId": "getProduct",
        "responses": {
            "200": {
                "description": "A successful response.",
                "schema": {
                    "$ref": "#/definitions/ecommerceProduct"
                }
            }
        },
        "parameters": [
            {
                "name": "value",
                "description": "The string value.",
                "in": "path",
                "required": true,
                "type": "string"
            }
        ],
        "tags": [
            "ProductInfo"
        ]
    }
},
"definitions": {
    "ecommerceProduct": {
        "type": "object",
        "properties": {
            "id": {
                "type": "string"
            },
            "name": {
                "type": "string"
```

```
        },
        "description": {
            "type": "string"
        },
        "price": {
            "type": "number",
            "format": "float"
        }
      }
    }
  }
}
```

gRPC 게이트웨이를 사용해 gRPC 서비스에 대한 HTTP 리버스 프록시 서비스를 구현해봤는데, 이런 방식으로 gRPC 서버를 HTTP 클라이언트 애플리케이션이 사용하도록 노출시킬 수 있다. 게이트웨이 구현의 자세한 정보는 gRPC 게이트웨이 저장소(https://oreil.ly/rN1WK)에서 확인할 수 있다.

앞에서 언급했듯이 gRPC 게이트웨이는 Go에서만 지원된다. 비슷한 개념을 HTTP/JSON 트랜스코딩이라고도 하는데, 다음 절에서 HTTP/JSON 트랜스코딩을 자세히 알아본다.

gRPC를 위한 HTTP/JSON 트랜스코딩

트랜스코딩transcoding은 HTTP JSON 호출을 RPC 호출로 변환하고 gRPC 서비스에 전달하는 프로세스로, 클라이언트 애플리케이션이 gRPC를 지원하지 않고 HTTP 기반 JSON을 통해 gRPC 서비스와 통신할 수 있는 액세스를 제공해야 할 때에 유용하다. grpc-httpjson-transcoding이라는 HTTP/JSON 트랜스코딩을 지원하고자 C++ 언어로 작성된 라이브러리가 있으며, 현재 이스티오Istio(https://oreil.ly/

vWllM)[2]와 구글 클라우드 엔드포인트(https://oreil.ly/KR5_X)에서 사용된다.

엔보이 프록시Envoy proxy(https://oreil.ly/33hyY)도 gRPC 서비스에 HTTP/JSON 인터페이스를 제공해 트랜스코딩을 지원한다. gRPC 게이트웨이와 마찬가지로 서비스 정의에 gRPC 서비스에 대한 HTTP 매핑을 제공해야 하며, 구글 API 문서(https://oreil.ly/H6ysW)에 지정된 것과 동일한 매핑 규칙을 사용한다. 따라서 코드 8-1에서 수정한 서비스 정의를 HTTP/JSON 트랜스코딩에도 그대로 적용할 수 있다.

예를 들어 제품 정보 서비스의 **getProduct** 메서드는 .proto 파일에서 다음과 같은 요청과 응답 타입으로 정의된다.

```
rpc getProduct(google.protobuf.StringValue) returns (Product) {
    option (google.api.http) = {
        get:"/v1/product/{value}"
    };
}
```

클라이언트가 http://localhost:8081/v1/product/2 URL로 GET을 전송해 이 메서드를 호출하면 프록시 서버는 값이 2인 **google.protobuf.StringValue**를 생성한 다음 gRPC 메서드 **getProduct()**를 호출한다. 그런 다음 gRPC 백엔드는 제품 ID 2인 제품 정보를 반환하며, 프록시 서버가 JSON 형식으로 변환하고 클라이언트에 반환한다.

이제 HTTP/JSON 트랜스코딩을 다뤘으므로 다음 절에서는 gRPC 서버 리플렉션이라는 또 다른 중요한 개념을 살펴본다.

---

2. 쿠버네티스에서 여러 서비스 조합을 위한 서비스 메시 기술이다. – 옮긴이

gRPC 서버 리플렉션 프로토콜

서버 리플렉션^{server reflection}은 gRPC 서버에서 정의된 서비스로, 해당 서버에서 공개
적으로 액세스 가능한 gRPC 서비스의 정보를 제공한다. 간단히 말하면 서버 리플
렉션은 서버에 등록된 서비스의 서비스 정의를 클라이언트 애플리케이션에 제공
하는 것이다. 따라서 클라이언트는 서비스와 통신하고자 미리 컴파일된 서비스
정의가 필요하지 않다.

2장에서 살펴봤듯이 클라이언트 애플리케이션이 gRPC 서비스에 연결하고 통신
하려면 해당 서비스의 서비스 정의가 있어야 한다. 먼저 서비스 정의를 컴파일하
고 해당 클라이언트 스텁을 생성한 후 스텁의 메서드를 호출하는 클라이언트 애
플리케이션을 작성하는 것이다. 그러나 gRPC 서버 리플렉션을 사용하면 서비스
와 통신하고자 서비스 정의를 미리 컴파일할 필요가 없게 된다.

서비스 리플렉션은 gRPC 서버를 디버깅하기 위한 명령(CLI) 도구를 작성할 때 유
용하다. 도구에 서비스 정의를 제공할 필요는 없지만 대신 메서드와 텍스트 페이
로드를 제공한다. 바이너리 페이로드를 서버로 전송하고 응답을 사람이 읽을 수
있는 형식으로 사용자에게 다시 가져온다. 서비스 리플렉션을 사용하려면 먼저
서버 측에서 서비스 리플렉션을 활성화해야 하는데, 코드 8-3은 서버 리플렉션을
활성화하는 방법을 보여준다.

코드 8-3. gRPC Go 서버에서 서버 리플렉션 활성화

```
package main

import (
    ...

    pb "productinfo/server/ecommerce"
    "google.golang.org/grpc"
    "google.golang.org/grpc/reflection"  ❶
```

```
    )

    func main() {
        lis, err := net.Listen("tcp", port)
        if err != nil {
            log.Fatalf("failed to listen: %v", err)
        }
        s := grpc.NewServer()
        pb.RegisterProductInfoServer(s, &server{})
        reflection.Register(s) ❷
        if err := s.Serve(lis); err != nil {
            log.Fatalf("failed to serve: %v", err)
        }
    }
```

❶ 리플렉션 API에 액세스하고자 리플렉션 패키지를 임포트한다.

❷ gRPC 서버에 리플렉션 서비스를 등록한다.

서버 애플리케이션에서 서버 리플렉션을 활성화한 후 gRPC CLI 도구를 사용해 서버를 확인할 수 있다.

 gRPC CLI 도구는 gRPC 저장소와 함께 제공된다. 서비스와 메서드의 목록 조회, 메타데이터를 사용해 RPC 호출을 송수신하는 등의 많은 기능을 지원한다. 이 글을 쓰는 시점에는 소스코드에서 도구를 직접 빌드해야 하는데, 도구를 빌드하고 사용하는 방법의 자세한 내용은 gRPC CLI 도구 저장소(https://oreil.ly/jYlOh)를 참고하라.

소스코드(https://github.com/grpc/grpc)에서 gRPC CLI 도구를 빌드하면 이 도구를 사용해 서비스를 확인할 수 있다. 2장에서 구축한 제품 관리 서비스를 사용해 이를 이해해보자. 제품 관리 서비스의 gRPC 서버를 시작한 후에는 CLI 도구를 실행해 서비스 정보를 검색할 수 있다.

CLI 도구에서 실행할 수 있는 명령은 다음과 같다.

리스트 서비스 ^{list services}

엔드포인트 localhost:50051의 모든 공개 서비스를 나열하려면 다음과 같은
명령을 실행한다.

```
$ ./grpc_cli ls localhost:50051

Output:
ecommerce.ProductInfo
grpc.reflection.v1alpha.ServerReflection
```

리스트 서비스 상세 ^{list service details}

검사하고자 하는 서비스에 대한 서비스의 전체 이름(<package>.<service> 형식)
을 지정해 다음과 같은 명령을 실행한다.

```
$ ./grpc_cli ls localhost:50051 ecommerce.ProductInfo -l

Output:
package: ecommerce;
service ProductInfo {
rpc addProduct(ecommerce.Product) returns
(google.protobuf.StringValue) {}
rpc getProduct(google.protobuf.StringValue) returns
(ecommerce.Product) {}
}
```

리스트 메서드 상세 ^{list method details}

메서드의 전체 이름(<package>.<service>.<method> 형식)을 메서드 세부 사항으
로 제공하는 다음과 같은 명령을 실행한다.

```
$ ./grpc_cli ls localhost:50051 ecommerce.ProductInfo.addProduct -l
```

```
Output:
rpc addProduct(ecommerce.Product) returns
(google.protobuf.StringValue) {}
```

메시지 타입 검사 ^{Inspect message types}

메시지 타입을 검사하고자 메시지 유형의 전체 이름(<package>.<type> 형식)을
지정해 다음과 같은 명령을 실행한다.

```
$ ./grpc_cli type localhost:50051 ecommerce.Product

Output:
message Product {
string id = 1[json_name = "id"];
string name = 2[json_name = "name"];
string description = 3[json_name = "description"];
float price = 4[json_name = "price"];
}
```

원격 메서드 호출 ^{Call remote methods}

다음과 같은 명령을 실행해 서버에 원격 호출을 보내고 응답을 받는다.

1. ProductInfo 서비스의 addProduct 메서드를 호출한다.

```
$ ./grpc_cli call localhost:50051 addProduct "name:'Apple',
        description: 'iphone 11', price: 699"

Output:
connecting to localhost:50051
value: "d962db94-d907-11e9-b49b-6c96cfe0687d"

Rpc succeeded with OK status
```

2. ProductInfo 서비스의 **getProduct** 메서드를 호출한다.

```
$ ./grpc_cli call localhost:50051 getProduct
        "value:'d962db94-d907-11e9-b49b-6c96cfe0687d'"

Output:
connecting to localhost:50051
id: "d962db94-d907-11e9-b49b-6c96cfe0687d"
name: "Apple"
description: "iphone 11"
price: 699

Rpc succeeded with OK status
```

이제 gRPC Go 서버에서 서버 리플렉션을 활성화하고 CLI 도구를 사용해 테스트할 수 있다. gRPC 자바 서버에서 서버 리플렉션을 활성화할 수도 있는데, 자바에 익숙한 경우 소스코드 저장소에서 자바 샘플을 참조하자.

이제 gRPC 미들웨어라는 또 다른 흥미로운 개념을 알아보자.

gRPC 미들웨어

일반적으로 미들웨어^{middleware}는 분산 시스템의 소프트웨어 구성 요소로, 클라이언트가 생성한 요청을 백엔드 서버로 라우팅하고자 다른 구성 요소를 연결하는 데 사용된다. gRPC 미들웨어(https://oreil.ly/EqnCQ)에서도 gRPC 서버나 클라이언트 애플리케이션 전후에 코드를 실행하는 방법을 이야기하고 있다.

실제로 gRPC 미들웨어는 5장에서 배운 인터셉터 개념을 기반으로 하며, gRPC 기반 애플리케이션을 빌드할 때 필요한 인터셉터, 헬퍼, 유틸리티의 Go 기반 모음이다. 클라이언트나 서버 측에서 여러 인터셉터를 인터셉터 체인^{chain of interceptors}으로 적용할 수 있다. 또한 인터셉터가 인증, 로깅, 메시지, 유효성 검사, 재시도, 모니터링과 같은 공통 패턴을 구현하는 데 일반적으로 사용되므로 gRPC 미들웨어 프로젝트는 Go의 재사용 가능한 기능을 위한 시작점 역할을 한다. 코드 8-4에서는 gRPC 미들웨어 패키지의 일반적인 사용법을 보여주는데, 여기서는 단일 및 스트리밍 메시징 모두에 여러 인터셉터를 적용하는 데 사용했다.

코드 8-4. Go gRPC 미들웨어를 사용하는 서버 측 인터셉터 체인

```
import "github.com/grpc-ecosystem/go-grpc-middleware"

orderMgtServer := grpc.NewServer(
    grpc.Unaryinterceptor(grpc_middleware.ChainUnaryServer( ❶
        grpc_ctxtags.UnaryServerinterceptor(),
        grpc_opentracing.UnaryServerinterceptor(),
        grpc_prometheus.UnaryServerinterceptor,
        grpc_zap.UnaryServerinterceptor(zapLogger),
        grpc_auth.UnaryServerinterceptor(myAuthFunction),
        grpc_recovery.UnaryServerinterceptor(),
    )),
    grpc.Streaminterceptor(grpc_middleware.ChainStreamServer( ❷
        grpc_ctxtags.StreamServerinterceptor(),
        grpc_opentracing.StreamServerinterceptor(),
        grpc_prometheus.StreamServerinterceptor,
        grpc_zap.StreamServerinterceptor(zapLogger),
        grpc_auth.StreamServerinterceptor(myAuthFunction),
        grpc_recovery.StreamServerinterceptor(),
    )),
)
```

❶ 서버에 단일 인터셉터 체인을 추가한다.

❷ 서버에 스트리밍 인터셉터 체인을 추가한다.

인터셉터는 Go gRPC 미들웨어에 등록된 순서와 동일한 순서로 호출된다. 이 프로젝트는 일반적인 패턴에 재사용할 수 있는 인터셉터도 제공한다. 다음은 일반적인 패턴과 인터셉터 구현 중 일부다.

인증^{Auth}

grpc_auth

AuthFunc를 통해 커스터마이징 가능한 인증 미들웨어

로깅^{Logging}

grpc_ctxtags

요청 본문에서 데이터가 채워지는 콘텍스트에 태그 맵^{Tag map}을 추가하는 라이브러리

grpc_zap

잽 로깅 라이브러리를 gRPC 핸들러에 통합

grpc_logrus

로그러스 로깅 라이브러리를 gRPC 핸들러에 통합

모니터링^{Monitoring}

grpc_prometheus

프로메테우스 클라이언트와 서버 측 모니터링 미들웨어

grpc_opentracing

스트리밍과 핸들러 반환 태그를 지원하는 오픈트레이싱^{OpenTracing} 클라이언트와 서버 측 인터셉터

클라이언트^{Client}

grpc_retry

일반적인 gRPC 응답 코드 재시도 메커니즘, 클라이언 측 미들웨어

서버^{Server}

grpc_validator

.proto 옵션의 Codegen 인바운드 메시지 유효성 검사

grpc_recovery

패닉을 gRPC 에러로 변경

ratelimit

리미터에 의한 gRPC 속도 제한

클라이언트에서 Go gRPC 미들웨어의 사용법도 서버와 정확히 동일하다. 코드 8-5
는 Go gRPC 미들웨어와 클라이언트 측 인터셉터 체인의 코드 일부를 보여준다.

코드 8-5. Go gRPC 미들웨어를 사용하는 서버 측 인터셉터 체인

```
import "github.com/grpc-ecosystem/go-grpc-middleware"

clientConn, err = grpc.Dial(
    address,
        grpc.WithUnaryinterceptor(grpc_middleware.ChainUnaryClient(
            monitoringClientUnary, retryUnary)), ❶
        grpc.WithStreaminterceptor(grpc_middleware.ChainStreamClient(
            monitoringClientStream, retryStream)), ❷
)
```

❶ 클라이언트 측 단일 인터셉터 체인

❷ 클라이언트 측 스트리밍 인터셉터 체인

서버와 유사하게 인터셉터는 클라이언트에 등록된 순서대로 실행된다.

다음으로 gRPC 서버의 상태를 노출하는 방법을 알아보자. 고가용성 시스템에서
는 서버의 상태를 점검해 손상을 완화하고자 정기적으로 조치를 취할 수 있는 방
법이 필요하다.

상태 확인 프로토콜

gRPC는 gRPC 서비스가 서버 상태를 노출해 소비자가 서버의 상태 정보를 조사할 수 있게 하는 상태 확인 프로토콜^{Health Checking Protocol}(Health Checking API)을 정의한다. 서버의 상태는 서버가 RPC를 처리할 준비가 되지 않았거나 상태 프로브^{probe} 요청에 전혀 응답하지 않을 때 비정상 상태로 응답하는지 판별한다. 응답이 비정상 상태를 나타내거나 일정 시간 내에 응답이 수신되지 않으면 클라이언트가 그에 따라 작동할 수 있다.

gRPC 상태 확인 프로토콜은 gRPC를 기반으로 API를 정의한다. 그러면 gRPC 서비스는 간단한 클라이언트-서버 시나리오나 로드밸런싱과 같은 다른 제어 시스템 모두의 상태 확인 메커니즘으로 사용된다. 코드 8-6은 gRPC 상태 점검 인터페이스의 표준 서비스 정의를 보여준다.

코드 8-6. 상태 확인 API의 gRPC 서비스 정의

```
syntax = "proto3";

package grpc.health.v1;

message HealthCheckRequest { ❶
    string service = 1;
}

message HealthCheckResponse { ❷
    enum ServingStatus {
        UNKNOWN = 0;
        SERVING = 1;
        NOT_SERVING = 2;
    }
    ServingStatus status = 1;
}

service Health {
```

```
    rpc Check(HealthCheckRequest) returns (HealthCheckResponse); ❸

    rpc Watch(HealthCheckRequest) returns (stream HealthCheckResponse); ❹
}
```

❶ 상태 확인 요청 메시지 구조다.

❷ 서비스 상태의 상태 확인 응답이다.

❸ 클라이언트는 Check 메서드를 호출해 서버의 상태를 조회할 수 있다.

❹ 클라이언트는 Watch 메서드를 호출해 스트리밍 상태 확인을 수행할 수 있다.

상태 확인 서비스의 구현은 기존의 gRPC 서비스와 매우 유사하다. 멀티플렉싱 (5장에서 설명)을 사용해 동일한 gRPC 서버 인스턴스에서 상태 확인 서비스와 관련 gRPC 비즈니스 서비스를 함께 실행하는 경우가 종종 있다. gRPC 서비스이기에 상태 확인을 수행하는 것은 일반 RPC를 수행하는 것과 같다. 또한 서비스별 상태와 같은 세부 사항을 포함하는 세분화된 서비스 상태 시맨틱스^{semantics}를 제공하며, 서버에 있는 모든 기존 정보를 재사용할 수 있게 하거나 이를 완전히 제어할 수도 있다.

코드 8-6과 같이 서버 인터페이스를 기반으로 클라이언트는 Check 메서드(선택적 인 서비스 이름 파라미터와 함께)를 호출해 특정 서비스나 서버의 상태를 확인할 수 있다.

아울러 클라이언트는 Watch 메서드를 호출해 스트리밍 상태 확인을 수행할 수 있다. 이는 서버 스트리밍 메시징 패턴을 사용하는데, 클라이언트가 이 메서드를 호출하면 서버는 현재 상태를 나타내는 메시지 전송을 시작하고 상태가 변경될 때마다 후속 새 메시지를 전송한다.

gRPC 상태 확인 프로토콜에서 알아야 할 핵심 사항은 다음과 같다.

  • 서버에 등록된 각 서비스의 상태를 제공하려면 모든 서비스와 서버의 상

272

태를 수동으로 등록해야 한다. 빈 서비스 이름으로 서버의 전체 상태를 설정할 필요도 있다.

- 클라이언트의 각 상태 확인 요청에는 데드라인이 설정돼 있어야 하는데, 그래야 데드라인 내에 RPC가 완료되지 않으면 클라이언트가 서버 상태를 비정상으로 판단할 수 있다.

- 각 상태 확인 요청에 대해 클라이언트는 서비스 이름을 지정하거나 비어 있는 것으로 설정할 수 있다. 요청에 서비스 이름이 있고 서버 레지스트리에서 찾은 경우 HTTP OK 상태로 응답을 다시 보내야 하고 HealthCheck Response 메시지의 상태 필드는 특정 서비스의 상태(SERVING 또는 NOT_SERVING)로 설정돼야 한다. 서버 레지스트리에 서비스가 없으면 서버는 NOT_FOUND 상태로 응답해야 한다.

- 클라이언트가 특정 서비스 대신 서버의 전체 상태를 조회해야 하는 경우 클라이언트는 빈 문자열 값으로 요청을 보내 서버가 서버의 전체 상태로 다시 응답하게 한다.

- 서버에 상태 확인 API가 없으면 클라이언트가 자체적으로 처리해야 한다.

상태 확인 서비스는 다른 gRPC 소비자나 로드밸런서 및 프록시와 같은 중간 서브시스템subsystem에서 사용된다. 처음부터 클라이언트를 구현하는 대신 grpc_health_probe와 같은 기존 상태 점검 클라이언트 구현을 사용할 수 있다.

gRPC 상태 프로브

grpc_health_probe(https://oreil.ly/I84Ui)는 gRPC 상태 점검 프로토콜을 통해 서버 상태를 서비스로 노출해 서버의 상태를 확인하는 커뮤니티 제공 유틸리티다.

gRPC 표준 상태 확인 서비스와 통신할 수 있는 일반화된 클라이언트로, **grpc_ health_probe** 바이너리를 다음과 같이 CLI 유틸리티로 사용할 수 있다.

```
$ grpc_health_probe -addr=localhost:50051 ❶

healthy: SERVING

$ grpc_health_probe -addr=localhost:50052 -connect-timeout 600ms \
-rpc-timeout 300ms ❷

failed to connect service at "localhost:50052": context deadline exceeded
exit status 2
```

❶ 로컬 호스트 포트 50051에서 실행 중인 gRPC 서버에 대한 상태 확인 요청이다.

❷ 연결과 관련된 몇 가지 추가 파라미터를 갖는 상태 확인 요청이다.

앞의 커맨드라인^{CL, Command Line} 출력에 표시된 것처럼 grpc_health_probe는 RPC를 /grpc.health.v1.Health/Check로 만든다. SERVING 상태로 응답하면 grpc_health_ probe가 성공적으로 종료되고, 그렇지 않으면 0이 아닌 종료 코드로 종료된다.

쿠버네티스에서 gRPC 애플리케이션을 실행 중인 경우라면 **grpc_health_probe**를 실행해 gRPC 서버 파드에 대한 쿠버네티스의 활성과 준비^{liveness and readiness} (https:// oreil.ly/a7bOC) 확인을 정의할 수 있다.

이를 위해 도커파일에서 다음과 같이 gRPC 상태 프로브를 도커 이미지와 함께 번 들로 제공해야 한다.

```
RUN GRPC_HEALTH_PROBE_VERSION=v0.3.0 && \
    wget -qO/bin/grpc_health_probe \
    https://github.com/grpc-ecosystem/grpc-health-probe/releases/download/
        ${GRPC_HEALTH_PROBE_VERSION}/grpc_health_probe-linux-amd64 && \
```

```
chmod +x /bin/grpc_health_probe
```

그런 다음 쿠버네티스 배포의 파드 사양에 다음과 같이 livenessProbe와 readinessProbe를 정의한다.

```
spec:
  containers:
  - name: server
    image: "kasunindrasiri/grpc-productinfo-server"
    ports:
    - containerPort: 50051
    readinessProbe:
      exec:
        command: ["/bin/grpc_health_probe", "-addr=:50051"] ❶
      initialDelaySeconds: 5
    livenessProbe:
      exec:
        command: ["/bin/grpc_health_probe", "-addr=:50051"] ❷
      initialDelaySeconds: 10
```

❶ 준비 프로브로 grpc_health_probe를 지정한다.

❷ 활성 프로브로 grpc_health_probe를 지정한다.

gRPC 상태 프로브^{heath probe}를 사용해 활성과 준비 상태 프로브를 설정하면 쿠버네티스는 gRPC 서버의 상태에 따라 결정을 내릴 수 있다.

다른 생태계 프로젝트

gRPC 기반 애플리케이션을 구축할 때 유용한 몇 가지 다른 생태계 프로젝트가 있다. 소비자 부분의 protoc 플러깅^{plugging}은 **protoc-gen-star**(PG*, https://oreil.ly/9eRq8)와 같은 프로젝트가 관심을 끌기 시작한 비슷한 생태계 요구 사항이다. 또한 **protoc-gen-validate**(PGV, https://oreil.ly/KlGy7)와 같은 라이브러리는 폴리글랏 메시지 유효성 검사기를 생성하기 위한 프로토타입 플러그인을 제공한다. 생태계는 gRPC 애플리케이션 개발의 다양한 요구 사항에 대한 새로운 프로젝트로 계속 성장하고 있다.

이것으로 gRPC 생태계 구성 요소의 소개를 마친다. 이와 같은 생태계 프로젝트는 gRPC 프로젝트의 일부가 아님을 명심해야 하며, 서비스 수준에서 사용하기 전에 제대로 평가해야 한다. 또한 일부 프로젝트는 쓸모없어지거나 다른 프로젝트는 주류가 될 수 있으며, 완전히 새로운 프로젝트가 gRPC 생태계에 나타날 수도 있다.

요약

gRPC 생태계 프로젝트는 핵심 gRPC 구현의 일부는 아니지만 실제적인 gRPC 애플리케이션을 구축하고 실행하는 데 매우 유용하다. 이 프로젝트들은 gRPC를 사용해 서비스 수준 시스템을 구축할 때 발생하는 문제나 제한을 극복하고자 gRPC를 중심으로 구축됐다. 예를 들어 RESTful 서비스를 gRPC 서비스로 옮길 때 RESTful 방식으로 서비스를 호출하던 기존 고객을 고려해야 하는데, 이를 극복하고자 기존 RESTful 클라이언트와 새 gRPC 클라이언트가 동일한 서비스를 호출할 수 있도록 HTTP/JSON 트랜스코딩이나 gRPC 게이트웨이 개념이 도입됐다. 마찬가지로 명령 도구를 이용한 gRPC 서비스 테스트의 한계를 극복하고자 서비스 리플렉션이 도입됐다.

gRPC는 클라우드 네이티브 세계에서 매우 인기 있는 주제로, 개발자는 이제 REST 서비스에서 gRPC로 점차 이동하고 있으므로 앞으로 gRPC를 중심으로 구축된 이와 같은 더 많은 프로젝트를 보게 될 것이다.

축하한다. 이 책을 끝마쳤으며, Go와 자바를 기반으로 하는 수많은 코드 예제와 함께 gRPC 애플리케이션의 전체 개발 수명주기를 거의 다뤘다. 이 책이 gRPC를 애플리케이션과 마이크로서비스용 프로세스 간 통신 기술로 사용하는 여정의 토대가 됐기를 바란다. 이 책에서 배운 내용은 gRPC 애플리케이션을 신속하게 구축하고 다른 기술과 공존할 수 있는 방법을 이해하며 서비스 수준에서 실행할 수 있게 도와줄 것이다.

이제는 gRPC를 더 자세히 살펴볼 차례다. 이 책에서 배운 기술을 적용해 실제 애플리케이션을 구축해보자. gRPC 애플리케이션을 개발하는 데 사용하는 프로그래밍 언어에 의존하는 gRPC의 많은 기능이 있으므로 사용하는 언어에 특정한 기술도 배워야 한다. 또한 gRPC 생태계는 기하급수적으로 증가하고 있으며, gRPC를 지원하는 최신 기술과 프레임워크를 최신 상태로 유지하는 것이 도움이 될 것이다. 앞으로 더 나아가고 탐험해보자.

찾아보기

gRPC 시작에서 운영까지

도커와 쿠버네티스를 위한 클라우드 네이티브 애플리케이션 구축

발   행 | 2021년 4월 13일

지은이 | 카순 인드라시리 · 다네쉬 쿠루푸
옮긴이 | 한 성 곤

펴낸이 | 권 성 준
편집장 | 황 영 주
편   집 | 조 유 나
디자인 | 윤 서 빈

에이콘출판주식회사
서울특별시 양천구 국회대로 287 (목동)
전화 02-2653-7600, 팩스 02-2653-0433
www.acornpub.co.kr / editor@acornpub.co.kr

한국어판 ⓒ 에이콘출판주식회사, 2021, Printed in Korea.
ISBN 979-11-6175-463-5
http://www.acornpub.co.kr/book/grpc

이 도서의 국립중앙도서관 출판시도서목록(CIP)은 서지정보유통지원시스템 홈페이지(http://seoji.nl.go.kr)와
국가자료공동목록시스템(http://www.nl.go.kr/kolisnet)에서 이용하실 수 있습니다.(CIP제어번호: CIP2020046576)

책값은 뒤표지에 있습니다.